ナツメ社保育シリーズ

幼稚園・保育園・こども園で使える

気になる子の
育ちを支える

個別の
指導計画

サポートブック

武蔵野短期大学客員教授
同附属保育園所長
酒井幸子

臨床発達心理士 公認心理師
中野圭子

［著］

ナツメ社

はじめに

　今、この本を手に取ってくださった方は、「個別の指導計画」の作成の仕方について、悩んだり考えたりしていらっしゃるのではないでしょうか。

　友だちとうまくやれなかったり、成長に遅れなどがあったりして困っている子どもたちの保育は、簡単ではないですよね。

　「どうしてああいう行動をするのかわからない」「どう指導すればよいのかわからない」「子どもの成長を感じにくい」と思っている方にこそ、この本を読んでいただきたいと思います。

　なぜかと言うと、「個別の指導計画」を作成し活用すると、保育の工夫を思いついたり、成長に気づいたりすることが多いからです。個を見ることはクラス全体を見ることにも通じるのですね。

　本書は、「明日の保育が楽しくなる個別の指導計画」が作成できるよう、手順や書式など様々な具体例を紹介し、巻末に資料やすぐに使える様式も載せました。保育中の思い出しメモを、「これなら書けそう」と思った書式に記入してみましょう。そして自分ができる配慮や手立てを書いてください。意外に簡単に個別の指導計画ができ上がってびっくりされるのではないでしょうか。先ずは試すことが肝心。Let's try!

　最後に、この場をお借りして、事例や写真などの掲載を快諾して下さった保育者の皆様と保護者の皆様、編集の茂木立様、出版社の横山様、関係者の皆々様に深く感謝いたします。

酒井幸子 Sakai Sachiko

武蔵野短期大学客員教授・同附属保育園所長

東京都公立幼稚園長、母子愛育会愛育幼稚園長、武蔵野短期大学教授・同附属幼稚園長、青山学院大学非常勤講師等を経て現職。これまでに、全国国公立幼稚園長会長、中央教育審議会幼稚園教育部会・特別支援教育部会委員等を歴任。文京区で在任時に文部科学省研究開発学校として「多様な個性に対応する教育課程の編成と実施〜バリアフリーの心をもった幼児を育てるために〜」をテーマに研究を推進。著書は『発達が気になる子の個別の指導計画』（共著／学研）、『保育内容 健康 あなたならどうしますか？』（編著／萌文書林）、『ケース別 発達障害の子どもたちと保護者をサポートする本 幼児編』『みんなにやさしいインクルーシブ保育 基本と実践を18の事例から考える』（ともに、共著／ナツメ社）など多数。

中野圭子 Nakano Keiko

臨床発達心理士・公認心理師

東京学芸大学幼稚園科卒業。東京都公立幼稚園で教諭として29年間勤務する。在職中に、特別支援教育教諭免許・幼稚園専修免許を取得。現在はおもに、特別支援教室巡回相談、各市区の幼稚園、保育園で巡回相談や園内研修講師などを行っている。著書、監修書に、『気になる子のために保育者ができる特別支援』（監修／学研）、『ケース別 発達障害の子どもたちと保護者をサポートする本 幼児編』『みんなにやさしいインクルーシブ保育 基本と実践を18の事例から考える』（ともに、共著／ナツメ社）などがある。

CONTENTS

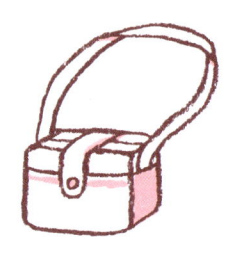

第2章

はじめて書いてみる 個別の指導計画

第3章
多様な子どもに対応した個別の指導計画

第4章
様々な個別の指導計画実例

個別の指導計画についてどう思う？

個別の指導計画と聞いて思うこと、作成して感じたことを聞いてみました。

必要だと思うし、つくったほうがよいと思うけれど、どのように書いたらよいかわからない

特定の子どもだけ個別の計画を立てることが、まわりの子との差別につながるような気がします

個別の指導計画を立ててみましたが、実際の保育と結びつかず、あまり意味を感じられませんでした

学期ごとに計画を立てていますが、学期の終わりに見直すだけで、活用できているとはいえません

個を見ることは、クラス全体を見ることだと実感しています

対象の子どもと、まわりの子どもとの関わりも見えてきました

書くことによって、対象の子どもの"今"の姿が整理できています

様々な指導の引き出しができ、保育の幅が広がったように感じています

クラスの子どもたちの育ち合いにつながりました

子どもも、保育者としての自分も、楽になったような気がします

子どもともっと近くなるための新たな視点が発見できました

個別の指導計画作成の根拠は？

幼稚園教育要領、保育所保育指針において、次のように記載されています。

幼稚園教育要領

第1章　総則

第5　特別な配慮を必要とする幼児への指導

1　障害のある幼児などへの指導

　障害のある幼児などへの指導に当たっては，集団の中で生活することを通して全体的な発達を促していくことに配慮し，特別支援学校などの助言又は援助を活用しつつ，個々の幼児の障害の状態などに応じた指導内容や指導方法の工夫を組織的かつ計画的に行うものとする。また，家庭，地域及び医療や福祉，保健等の業務を行う関係機関との連携を図り，長期的な視点で幼児への教育的支援を行うために，個別の教育支援計画を作成し活用することに努めるとともに，個々の幼児の実態を的確に把握し，個別の指導計画を作成し活用することに努めるものとする。

保育所保育指針

第1章 総則

3 保育の計画及び評価

（2）指導計画の作成

　キ　障害のある子どもの保育については、一人一人の子どもの発達過程や障害の状態を把握し、適切な環境の下で、障害のある子どもが他の子どもとの生活を通して共に成長できるよう、指導計画の中に位置付けること。また、子どもの状況に応じた保育を実施する観点から、家庭や関係機関と連携した支援のための計画を個別に作成するなど適切な対応を図ること。

※幼保連携型認定こども園教育・保育要領にも、幼稚園教育要領、保育所保育指針に準じて記載があります。

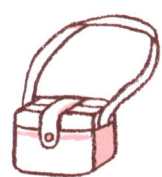

個別の指導計画は、もっと気楽に、もっと柔軟に！

難しく考えず、次のようなイメージで取り組みましょう。

はじめから完璧を
目指さない

とにかく作成して
みよう！
あとから修正して
いくことが大切

書くのは、その子に
必要な項目でOK！
あとから項目追加も

書き方にきまりはない
まずは自分なりの
スタイルで！

子どもとの時間を振り返りながら、自分の
保育観や思いを点検するつもりで
書いてみましょう！

個別の指導計画とは

保育者が作成を求められる様々な計画の中で、
配慮の必要な子どもの個別の指導計画とは何か、
何のために作成し、保育にどう役立つのかなどの
基本を解説します。

様々な個別の計画

支援を必要とする子どものための個別の計画には、3つの名称があります。概要を説明します。

個別の計画の名称と役割

個別の教育支援計画
- 園や学校が中心となって長期的な視点で作成
- 保護者や医療・福祉などの関係機関と連携して作成
- 進学先に引き継ぐ

誕生　就学前　小学校　中学校　高校　以降

個別の指導計画
- 個々の子どもの実態に応じて適切な指導を行うために、園や学校で作成
- 子どもの発達は家庭生活と深く関わるため、保護者との連携も大切

個別支援計画
- 児童発達支援事業所や放課後デイサービスで作成
- 本人と家庭の状況や意向を踏まえて作成

※名称は、自治体や施設によって異なることがあります。

支援の主体に応じた
様々な個別の計画がある

　発達に課題があるなど、特別な配慮を必要とする子どもの育ちを支援するために作成するものが、個別の計画です。いくつかの種類がありますが、主なものとしては、次の3つがあげられます。

● 園や学校が中心となり、保護者や関係機関と連携して作成する**個別の教育支援計画**

● 園や学校の担任や担当の教員が作成する**個別の指導計画**

● 児童発達支援事業所等で作成する**個別支援計画**

　地域や施設により名称が異なる場合もあり、また、書式や形式のきまりはありません。しかし、どの計画も、対象の子どものニーズに応じた手立てを見つけ、寄り添うために作成するものであることは同じです。

　本書では、園で作成する個別の指導計画について、考えていきます。

関係機関

教育委員会、特別支援学校、教育センター、病院、診療所、療育センター、市町福祉課、子育て支援センター、児童相談所、市町社会福祉協議会、児童発達支援センター、通園施設など、教育や医療、福祉に関わる機関

児童発達支援事業所等

児童福祉法に基づき、障害のある未就学の子どもを対象とした障害サービスを児童発達支援と言い、児童発達支援センターと児童発達支援事業所の2つの形態があります。

個別の指導計画とは

幼稚園教育要領解説と保育所保育指針解説において、以下の記載があります。

幼稚園教育要領解説

　個別の指導計画は、個々の幼児の実態に応じて適切な指導を行うために学校で作成されるものである。個別の指導計画は、教育課程を具体化し、障害のある幼児など一人一人の指導目標、指導内容及び指導方法を明確にして、きめ細やかに指導するために作成するものである。

　そのため、障害のある幼児などの指導に当たっては、適切かつ具体的な個別の指導計画の作成に努める必要がある。

保育所保育指針解説

　保育所では、障害のある子どもを含め、一人一人の実態を的確に把握し、安定した生活を送る中で、全ての子どもが自己を十分に発揮できるよう見通しをもって保育することが必要である。そこで、必要に応じて個別の指導計画を作成し、クラス等の指導計画と関連付けておくことが大切である。

※幼保連携型認定こども園教育・保育要領にも、幼稚園教育要領、保育所保育指針に準じて記載があります。

個別の指導計画についての解説全文は、巻末資料120〜125ページ

個別の指導計画の意義

個別の指導計画は、何のために作成するのでしょう。

個別の指導計画を作成することで得られる効果

子どもの理解が深まる

子どもの今の姿をしっかり観察する機会になります。

子どもに応じた指導ができる

子どもの発達や特性を理解し、その子どもに合う指導を検討する機会になります。

ほかの保育者と共有できる

計画書にまとめることで指導を共有できます。

子どもの変化と成長が可視化できる

一定の期間ごとに計画を作成することで比較ができ、成長を読み取ることができます。

指導の見直しと改善ができる

計画を実践し、それを見直し評価し改善するところまでが、個別の指導計画です。

継続的な指導ができる

進級時の引き継ぎ資料にもなり、指導の継続が可能となります。

子どもの育ちを支える！

指導の具体化と、成長の可視化で、見通しをもった指導につながる

個別の指導計画を作成することで、子どもの日常の保育のねらいがはっきりし、指導の内容が具体的となります。

指導による子どもの変化を検証することで、新たな課題を見つけたり、指導を見直したりすることができます。また、子どもの成長が可視化され、次のねらいが明確になります。

子どもの目指す姿を共有し、一貫した指導ができる

指導を行うために大切なのは、子どもに関わる情報を保育者間で共有することです。

子どもの実態を把握し、具体的な指導が明確に示されている個別の指導計画をつくることで、進級時や担任がいないときでも、方針がぶれることなく一貫した指導を行うことができます。

転園や就学の際に、保護者から引き継ぎの要望がある場合は、記録をもとに正確な情報を伝えられます。

写真やイラストを入れて

文字ばかりの個別の指導計画は、堅いイメージになりやすいものです。所々に写真やイラストなどをさし込むと、わかりやすく楽しく作成・活用ができます。

途中で赤字を入れて

はじめに作成した計画に、反省事項や修正、子どもの新たな姿や様子などを赤字で入れ込むことで、本当に役立つ計画となります。
指導計画をパソコン等で作成する時代になったから可能になった方法ですね。

園に求められる合理的配慮

2016年に施行された「障害者差別解消法」の改訂（2021年）により、2024年4月1日から全ての事業者に合理的配慮が義務化されました。園においても、実現に当たって著しく業務に支障が予想される場合や、大きな費用負担が必要な場合以外は、「前例がない」などと拒否することは認められません。

合理的配慮とは、障害などのある子どもが、園生活等においてもほかの子どもと平等の機会が得られるよう、必要な配慮を行うこと。その状況に応じて、個別に必要な配慮です。

個別の指導計画作成に当たっても、合理的配慮を考慮する必要があります。

個別の指導計画の作成手順と項目

個別の指導計画を作成する手順と、記入項目をまとめます。

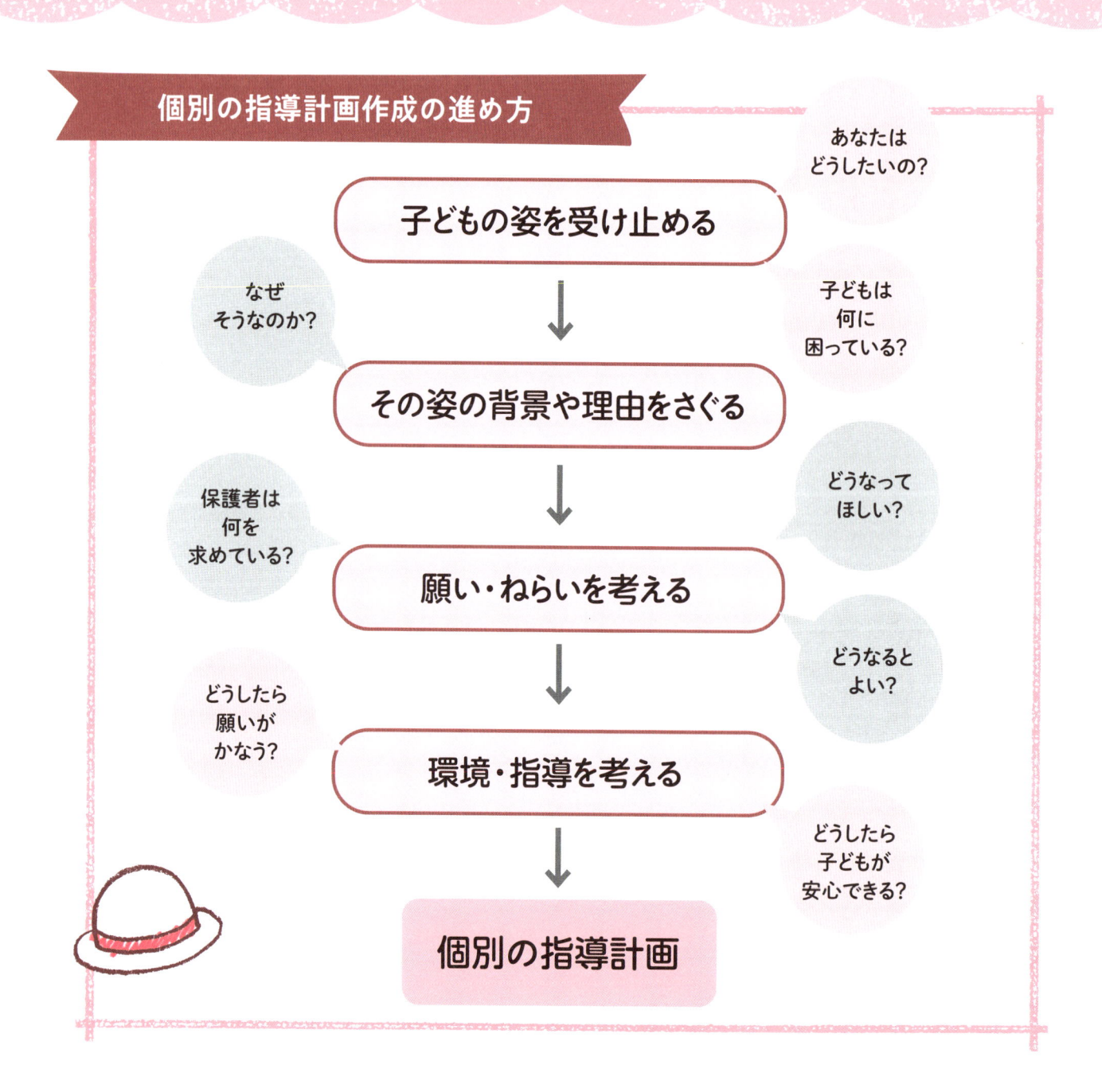

個別の指導計画作成の進め方

あなたは
どうしたいの？

子どもの姿を受け止める

↓

なぜ
そうなのか？

子どもは
何に
困っている？

その姿の背景や理由をさぐる

↓

保護者は
何を
求めている？

どうなって
ほしい？

願い・ねらいを考える

↓

どうしたら
願いが
かなう？

どうなると
よい？

環境・指導を考える

↓

どうしたら
子どもが
安心できる？

個別の指導計画

個別の指導計画は、子どもの"今"を整理することから

　個別の指導計画は、子どもをよく観察して、子どもが何に困っているのかを知ることからスタートします。

　書式や形式、記入項目についてのきまりはありませんが、大事なのは子どもの視点に立ち、ねらいや指導を具体化することです。そのために必要な項目について、一般的な例をまとめます。

基本情報
子どもの基本情報としてフェイスシートを用意し、氏名、生年月日を記入します。ほかに、必要に応じて家族構成や健康状況、発達の状況などを記入するとよいでしょう。

ねらい
年度の長期のねらいと、学期や月、週などの短期のねらいを記入します。

項目・項目ごとのねらい
その時期の子どもの実態と必要に応じて、「食事」「片づけ」等の生活に関することや、「友だち関係」「言葉」等の項目を立て、それぞれの期間についてのねらいを記入します。

手立て
項目ごとのねらいを達成するために、保育者が行う指導の方法や環境設定を記入します。スモールステップを意識するとよいでしょう。

評価
保育の振り返りを行い、子どもの変化と、次につながる取り組みなどを記入します。

フェイスシート
フェイスシートは、子どもの基本情報をまとめたものです。個別の指導計画と別に作成する場合も、冒頭に一緒に入れ込んでおく場合もあります。状況に変更があったり新たな情報を得たときには、修正や加筆をします。

スモールステップ
大きなねらいを達成するまでの段階を細かく設定し、あと少しでできるねらいを立てて、少しずつできるようにしていく方法です。

個別の指導計画の詳しい記入例は、第2章、第3章

個別の指導計画の活用と評価

作成した個別の指導計画に沿って指導を実践し、見直し、評価を行い、次の計画を作成するためのポイントを解説します。

個別の指導計画活用のサイクル

「PDCAサイクル」は、ビジネスにおける業務を継続的に改善する手法の一つです。個別の指導計画の活用をPDCAサイクルに落とし込むとこうなります。

子どもの観察・理解

Plan　計画
個別の指導計画を作成します。

Do　実践
個別の指導計画に沿って実践します。子どもの姿や手立ての有効性などを、その都度評価・改善し、計画を赤字などで修正し、実践することをくり返します。

Check　評価
計画の期間における指導と子どもの変化を振り返り、評価します。

Action　改善
評価を踏まえ、計画と指導を見直し、次の期のねらいを立てます。

ほかの保育者と共有し、一貫した指導を行う

　保育は一人で行うものではなく、複数の保育者が関わります。個別の指導計画を保育者間や園で共有することで、支援の必要な子どもに対して、保育者全員で一貫した指導を行うことができます。また、複数の視点が入ることで、子どもの理解が深まり、指導が適しているか、指導によってどのように変わったかなどの検証もできるでしょう。

　引き継ぎや要録作成の際には、大切な資料になります。

指導の見直し（評価）をして、次の計画に生かす

　実践後は、「評価」を行うことが大切です。指導と子どもの姿を振り返り、ねらいと手立てが適切だったかを見直しましょう。評価を踏まえ、今後、どのように成長してほしいか、そのためにはどのような指導が必要かを考え、次の計画に生かします。

　評価・改善は、次の視点で行うとよいでしょう。

☑ **立てたねらいがどの程度達成できたか**
☑ **達成できたのはなぜか**
　● 有効だった手立ては何か　　　　　　　　　〉評価
☑ **達成できなかったのはなぜか**
　● 手立てがまちがっていたのか
　● ねらいが不適切だったのか
　● ねらいのレベルが合っていなかったのか
☑ **育ってほしい姿に近づくために、次期は**
　どのようなねらいを設定するか
　● ねらいを続けるのか別のねらいにするのか　〉改善
　● ねらいのレベルを変えるのか
　● 学級の指導計画と適切に関連しているか

異なる指導は子どもを迷わせる

障害のあるなしにかかわらず、子どもは、複数の大人から違うことを言われると、誰の意見を聞けばよいのか迷ってしまいます。保育者は、一貫した指導を心がけたいものです。

実践しながら小さな「PDCA」をくり返す

保育の中で、保育者は小さなPDCAをくり返しています。PDCAはたった1回の独立したものではありません。例えば「友だち同士が仲よく遊ぶ」というねらいを立てたとしましょう。しかし、けんかが始まればねらい通りにはいきません。

保育者は、その都度、その原因を探り、評価し、指導の仕方を変え、改めてねらいを立て直し、さらに子どもに関わってみるというように、小さなPDCAをくり返しているのです。この小さなPDCAが保育の質を高めていくと考えられます。

DATAで見る個別の指導計画

ここでは、個別の指導計画に関する全国調査から、いくつかのデータを紹介します。
これから作成しようとする人も、既に作成し活用している人も、参考にしてみましょう。

DATAの出典：「特別な配慮を必要とする幼児の幼保小接続期における切れ目ない支援の実現に向けた調査研究」（令和5年度　文部科学省委託）
本調査は、全国の幼稚園（国立・公立・私立）を対象に行い、331の園から回答を得ました。

どのくらいの園が作成している？

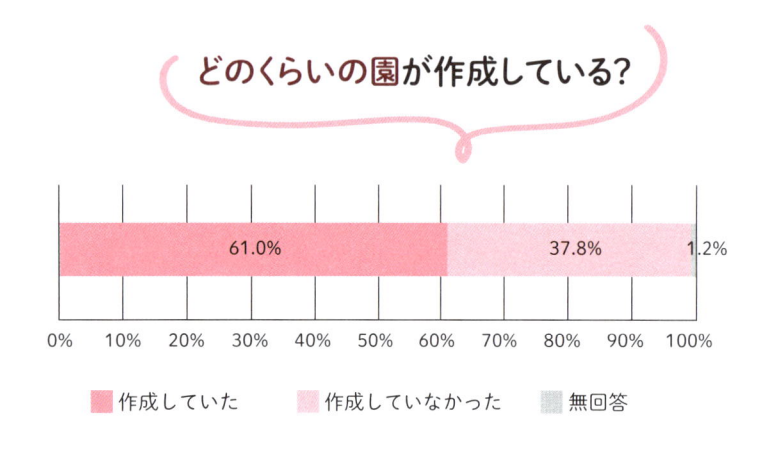

- 作成していた 61.0%
- 作成していなかった 37.8%
- 無回答 1.2%

作成園は61%。さらなる増加を望みたい

調査対象園で、作成しているのは61%、作成していないのは37.8%だった。幼稚園等では作成は義務づけられていないが、特別支援学校や小中学校の特別支援学級では義務となっており、作成率は100%に近い。少しずつでも作成園が増えていくことを望みたい。

作成しているのは誰？

（複数回答）

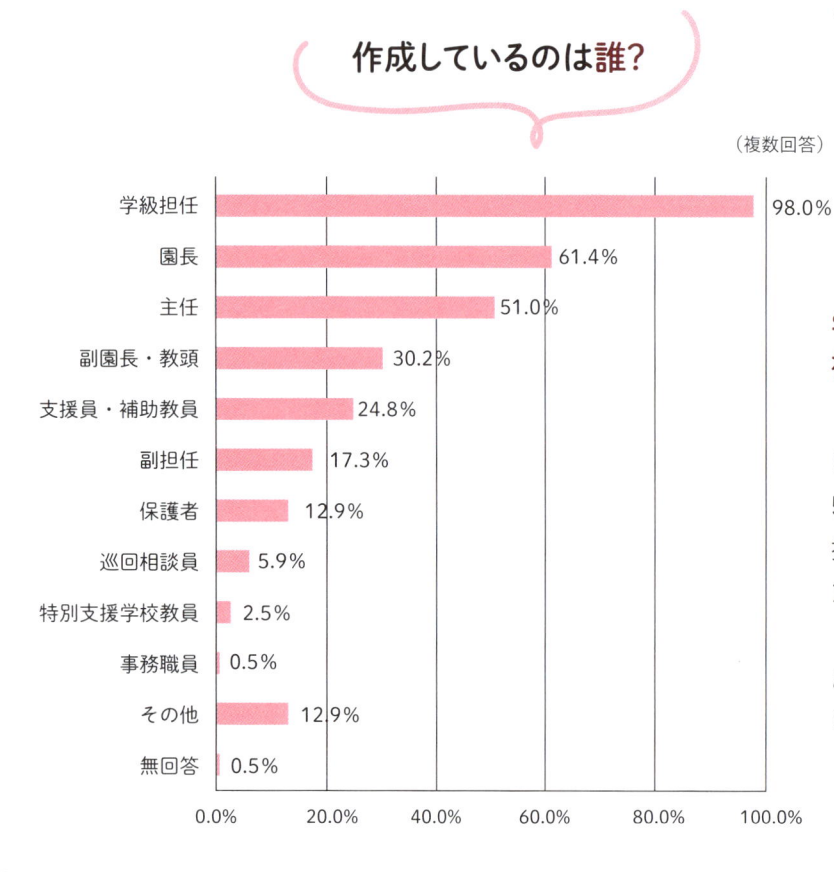

役割	割合
学級担任	98.0%
園長	61.4%
主任	51.0%
副園長・教頭	30.2%
支援員・補助教員	24.8%
副担任	17.3%
保護者	12.9%
巡回相談員	5.9%
特別支援学校教員	2.5%
事務職員	0.5%
その他	12.9%
無回答	0.5%

学級担任だけではなく、複数で作成している

「学級担任」が98%と最も多く、ほかには、「園長」61.4%、「主任」51.0%・「副園長・教頭」30.2%、「支援員・補助教員」24.8%、「副担任」17.3%と続く。

12.9%の「保護者」による作成もあり、多くの立場の者が関与しているのは興味深い。

作成・活用することによる意義や効果は?

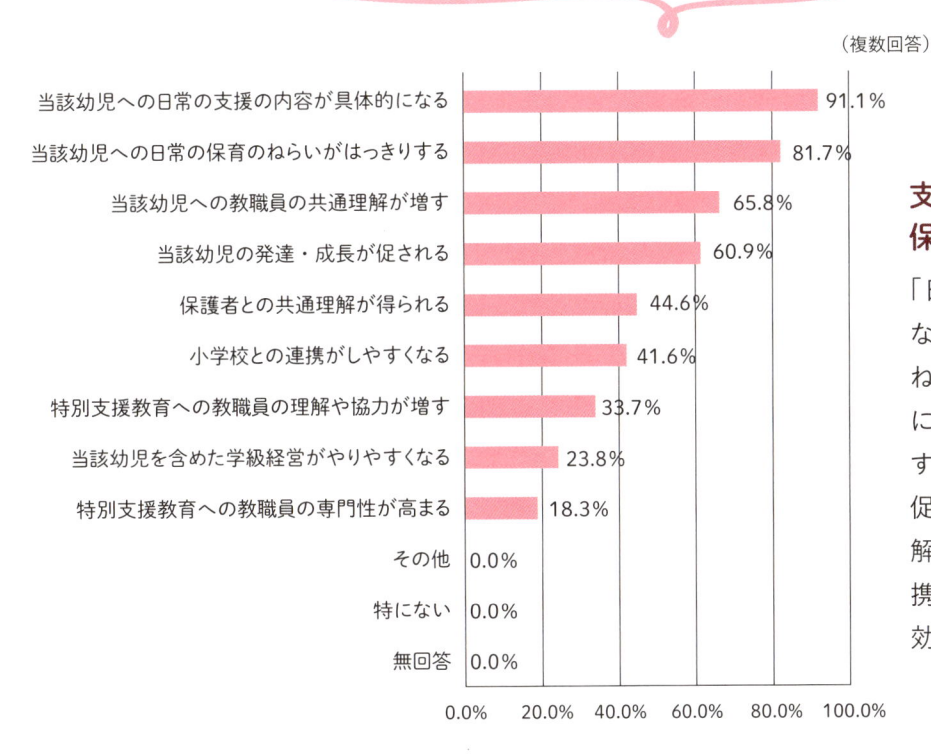

（複数回答）

項目	割合
当該幼児への日常の支援の内容が具体的になる	91.1%
当該幼児への日常の保育のねらいがはっきりする	81.7%
当該幼児への教職員の共通理解が増す	65.8%
当該幼児の発達・成長が促される	60.9%
保護者との共通理解が得られる	44.6%
小学校との連携がしやすくなる	41.6%
特別支援教育への教職員の理解や協力が増す	33.7%
当該幼児を含めた学級経営がやりやすくなる	23.8%
特別支援教育への教職員の専門性が高まる	18.3%
その他	0.0%
特にない	0.0%
無回答	0.0%

支援の内容が具体的になり、保育のねらいがはっきりする

「日常の支援の内容が具体的になる」91.1％、「日常の保育のねらいがはっきりする」81.7％、に続き「教職員の共通理解が増す」「当該幼児の発達・成長が促される」「保護者との共通理解が得られる」「小学校との連携がしやすくなる」等、意義や効果は実感されている。

作成・活用に当たっての困難や課題は?

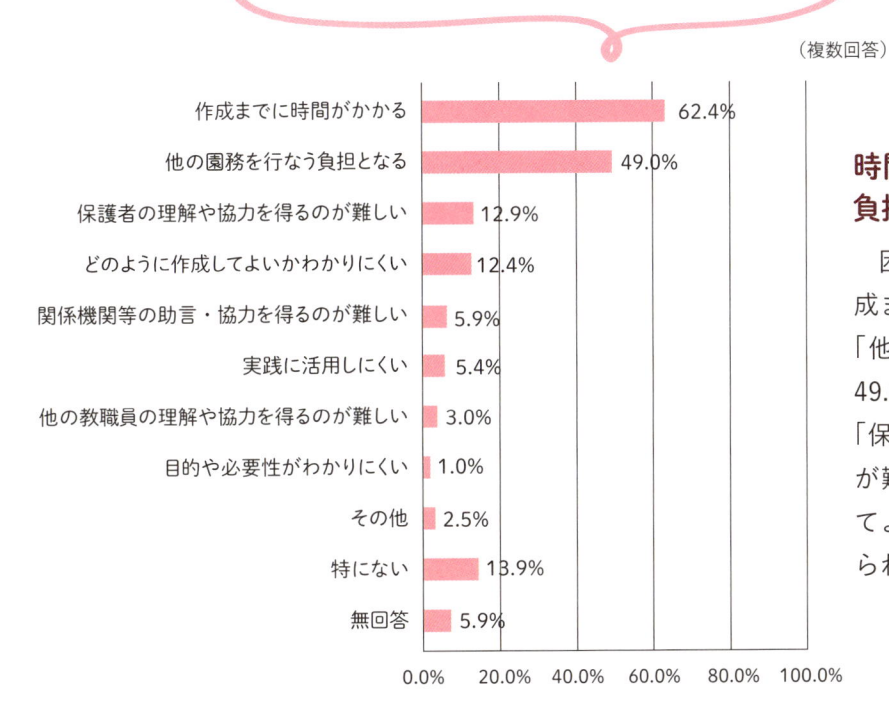

（複数回答）

項目	割合
作成までに時間がかかる	62.4%
他の園務を行なう負担となる	49.0%
保護者の理解や協力を得るのが難しい	12.9%
どのように作成してよいかわかりにくい	12.4%
関係機関等の助言・協力を得るのが難しい	5.9%
実践に活用しにくい	5.4%
他の教職員の理解や協力を得るのが難しい	3.0%
目的や必要性がわかりにくい	1.0%
その他	2.5%
特にない	13.9%
無回答	5.9%

時間がかかることによる負担感が大きい

困難や課題を尋ねた結果、「作成までに時間がかかる」62.4％、「他の園務を行う負担となる」49.0％が主なもので、12％台で「保護者の理解や協力を得るのが難しい」「どのように作成してよいかわかりにくい」が挙げられている。

作成の対象になっているのは?

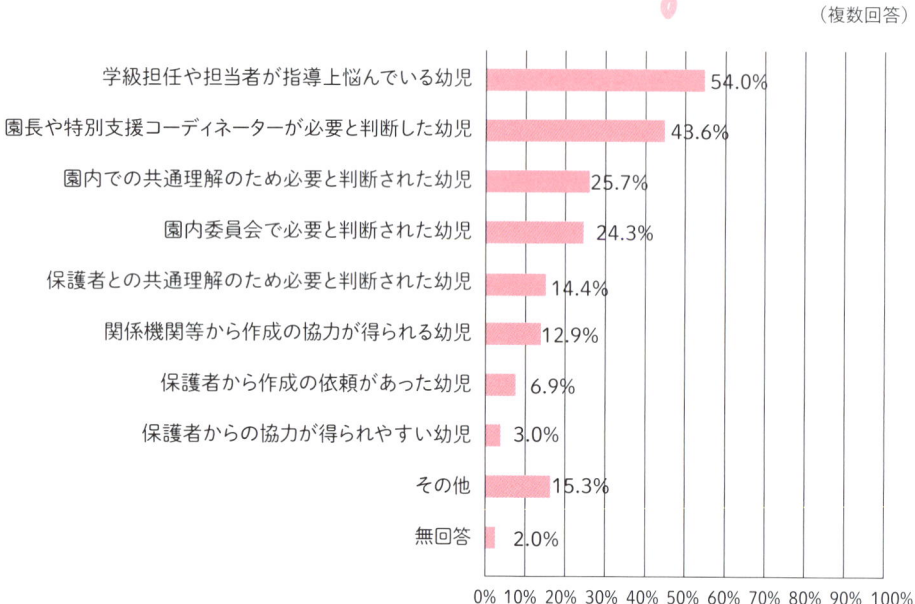

（複数回答）

項目	割合
学級担任や担当者が指導上悩んでいる幼児	54.0%
園長や特別支援コーディネーターが必要と判断した幼児	43.6%
園内での共通理解のため必要と判断された幼児	25.7%
園内委員会で必要と判断された幼児	24.3%
保護者との共通理解のため必要と判断された幼児	14.4%
関係機関等から作成の協力が得られる幼児	12.9%
保護者から作成の依頼があった幼児	6.9%
保護者からの協力が得られやすい幼児	3.0%
その他	15.3%
無回答	2.0%

0% 10% 20% 30% 40% 50% 60% 70% 80% 90% 100%

担任や園の判断だけでなく、保護者からの依頼も

　最も多かったのは「担任や担当者が指導上悩んでいる幼児」54.0%、次に「園長や特別支援教育コーディネーターが必要と判断した幼児」43.6%、「園内での共通理解のため」25.7%と続く。「保護者からの依頼」や「協力の得やすさ」を併せて約1割になるのが興味深い。

作成していない理由は何?

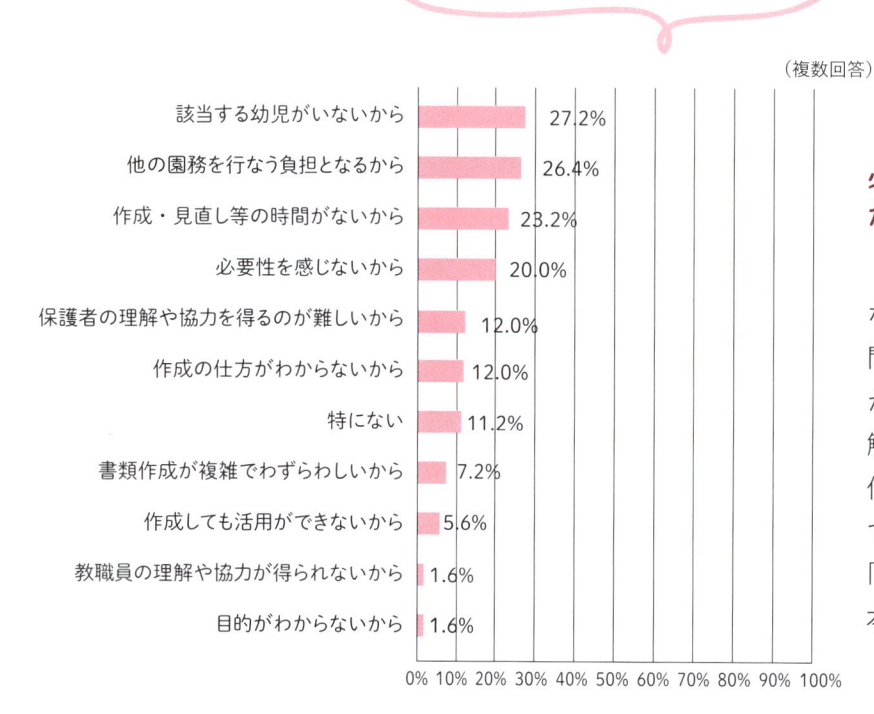

（複数回答）

項目	割合
該当する幼児がいないから	27.2%
他の園務を行なう負担となるから	26.4%
作成・見直し等の時間がないから	23.2%
必要性を感じないから	20.0%
保護者の理解や協力を得るのが難しいから	12.0%
作成の仕方がわからないから	12.0%
特にない	11.2%
書類作成が複雑でわずらわしいから	7.2%
作成しても活用ができないから	5.6%
教職員の理解や協力が得られないから	1.6%
目的がわからないから	1.6%

0% 10% 20% 30% 40% 50% 60% 70% 80% 90% 100%

必要性を感じない、作成の仕方がわからないなど理由は様々

　20%台に、「該当する幼児がいない」「他の園務の負担となる」「時間がない」「必要性を感じない」が並ぶ。下位では、「保護者の理解や協力が得られない」「作成の仕方がわからない」「作成が複雑でわずらわしい」「活用できない」「目的がわからない」等がある。本書が参考になるとよい！

第 2 章

はじめて書いてみる

個別の指導計画

支援の必要な子どもの保育にはじめて携わる、
個別の指導計画を立てた経験がほとんどない、
といった保育者にも無理なく作成できる
個別の指導計画を提案します。

保育者サトコ先生の困りごと（1年目の保育者）

4歳児の担任になったサトコ先生。クラスの一人ひとりの姿にも少しずつ目を向けられるようになりました。そんな中、少し気になる男児が……。

サトコ先生の思い

● ナオさんだけ集団活動に参加しない。参加してほしい。

● いつも一人で紙ひこうきを作ったり、絵を描いたりしているけれど、集団が苦手なのかな。

サトコ先生の思い

●ナオさんは、小さなことで怒ったりすぐに手が出たりして、危ない。トラブルにならないといいけれど。
●ナオさんが怒るのには、理由がありそうだな。
●ひこうきを作ったり、絵を描いたりしているときは、落ち着いている。

サトコ先生の思い

●ナオさんのやりたいことを認めてしまうと、クラスのほかの子どもにも影響が出てしまうし、今日、予定していた活動が達成できない…。どうしたらいいんだろう。

サトコ先生の
気づき

そうだ
ナオさんの
個別の指導計画を
立てよう

ナオさんは、クラスの活動にうまく参加できないようだ。

ナオさんは、すぐに手が出るけれど、友だちを思いやる姿もあり、集中して遊ぶ姿もある。

ナオさんには、個別の指導計画が必要。

\\ はじめて書いてみる /

個別の指導計画

ナオの個別の指導計画を立ててみましょう。
まずは、保育者である自分自身と、対象の子ども（ナオ・４歳児・男）の
"今を整理する" ことから始めます。

ステップ 1 保育者が気になっている姿を整理する

a　小さなことで怒って
よくけんかする。

b　友だちに手を出して
トラブルになることが多い。

c　集団活動からいつも
はみ出してしまう。

これは、保育者側から捉えた「ナオの現状」です。

 **ステップ 2　子どもの側に立って考える**

ステップ1であげた保育者が気になっている子どもの行動について、
子どもの視点で考えてみます。

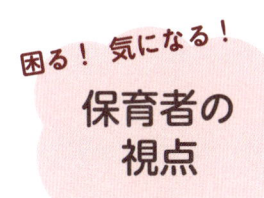

困る！ 気になる！
**保育者の
視点**

転換

何に困ってる？
**子どもの
視点**

a

> 「小さなこと」は保育者の思い込み？
> 本児にとってはとても嫌なこと？
> 一体どんな気持ちなのだろう？

b

> 「取っちゃダメ」「ぼくのだよ」など、
> 適切な言葉が出ないために手が出る？
> 自分の思いを言葉にすることが必要だと気づいていない？
> あるいは、言葉にできない？

c

> 活動以外に気になることがある？
> クラスや集団にいたくない訳がある？

子どもの側に立った“気づき”は、個別の指導計画作成のためにも、
よりよい指導のためにも、重要な転換点です。

ステップ 3　気づきをさらに広げる

今度は、「ナオには困ったところばかりでなく、よい面や素敵なところもあるはず！」と、気づきをさらに広げていきます。好きなことや嫌いなことも把握し、子どもの理解につなげましょう。

a　よくけんかするけれど

自己主張ができる。
いろいろ感じており、
怒ることで表現している。

b　手を出してトラブルになることが多いけれど

理由を聞いてみると、困っている
友だちの味方をしての
トラブルだった。
本当はやさしくて、
まわりのこともよく見ている。

c　集団活動からはみだすことが多いけれど

絵を描くのが大好き。
ものを作ることも好きで、
一人でよく紙ひこうきを作っている。
好きなことは、集中して取り組める。

ステップ 4　どうなるとよいのか（願い・ねらい）を考える

〈例〉
・したいことや嫌なことなどを、保育者に伝えられるようになってほしい。
・好きなことを十分楽しみながら、友だちとも関わってほしい。

ステップ 5　今後の手立てを考える

気づきを得て、子どもを肯定的に捉えられるようになったところで、今後の手立て（指導の方向）を考えます。

〈例〉
・本児の言動をはじめから否定せず、気になる行動があったら気持ちを聞き、「そうだったんだね」と受け止める。
・友だちに本児の思いを伝えたり代弁したりする。
・「取らないで！」「ぼくが使ってるんだよ」など、必要な言葉を伝える。
・本児が保育者に信頼感をもてるように、スキンシップをとったり好きな遊びを一緒にしたりする。

a
b
c
を通して

2

はじめて書いてみる　個別の指導計画

ステップ 6　表にまとめる

ここまでの内容を表にまとめると「個別の指導計画」のできあがりです。

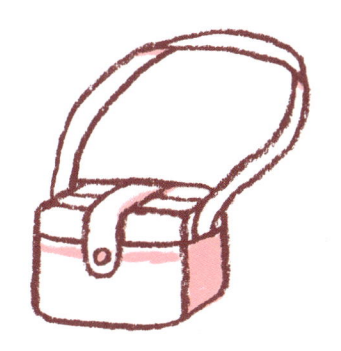

実際の記入例を、
次のページで見てみましょう

はじめて書いてみる個別の指導計画

ナオの個別の指導計画（例）

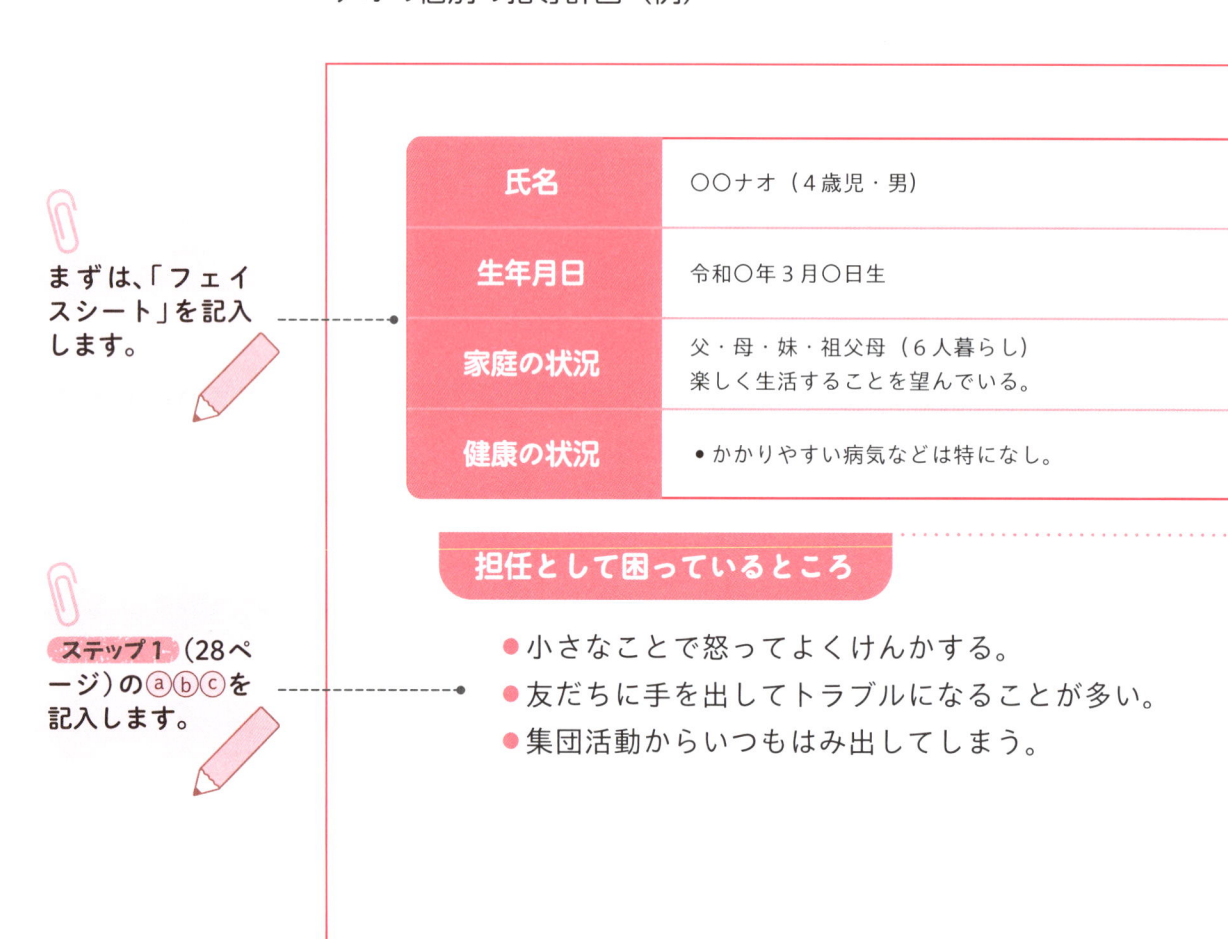

まずは、「フェイスシート」を記入します。

氏名	〇〇ナオ（4歳児・男）
生年月日	令和〇年3月〇日生
家庭の状況	父・母・妹・祖父母（6人暮らし） 楽しく生活することを望んでいる。
健康の状況	• かかりやすい病気などは特になし。

担任として困っているところ

ステップ1（28ページ）の ⓐⓑⓒ を記入します。

- 小さなことで怒ってよくけんかする。
- 友だちに手を出してトラブルになることが多い。
- 集団活動からいつもはみ出してしまう。

子どもの側に立ってみると

ステップ2（29ページ）の ⓐⓑⓒ を記入します。

- 「小さなこと」は思い込み？　本児にとっては嫌なことかもしれない。
- 「取っちゃダメ」「ぼくのだよ」など、適切な言葉が出ないために手が出る？　自分の思いを表現することが必要だと気づいていないかもしれない。
- 活動以外に気になることがある、または、クラスや集団にいたくない理由があるかもしれない。

担任　〇〇　　記入日　令和〇年4月〇日

発達の状況	・言葉は出にくいが、意思ははっきりしており、「いやだ」「いかない」などの拒否の言葉は伝えられる。 ・トイレが苦手（便座が怖い）で、おむつで生活。
その他	・自閉スペクトラム症の診断があり、児童発達支援事業所に週2日（月・火）通っている。

よい面や素敵なところ

- 自己主張ができる、いろいろ感じている。
- 理由を聞いてみると、困っている友だちの味方をしてのトラブルだったことがある。
- 絵を描くのが好き、ものを作るのも好きで、一人でよく紙ひこうきを作っている。

ステップ3（30ページ）の ⓐ ⓑ ⓒ の波線部を記入します。

ねらい

- したいことや嫌なことなどを、保育者に伝えられる。
- 好きなことを十分楽しみながら、友だちと関わる。

ステップ4（31ページ）の例を記入します。

手立て

- 本児の言動をはじめから否定せず、気持ちを聞き、「そうだったんだね」と受け止める。
- 友だちに本児の思いを伝えたり代弁したりする。
- 「取らないで！」「ぼくが使ってるんだよ」など、必要な言葉を代弁しながら本児にも伝えていく。
- スキンシップをとったり好きな遊びを一緒にする。
- 望ましい言動に対してシールを貼るなど、「トークンエコノミー（ごほうび）」も取り入れる。

ステップ5（31ページ）の例を記入します。

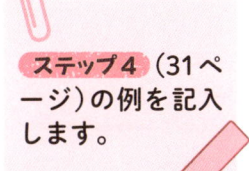

はじめて書いてみる個別の指導計画

ここからは、28-33ページで紹介した書き方での、
様々な子どもの個別の指導計画の作成例を紹介します。

事例 **A**

こだわりが強い子ども

マサさん（5歳児・男）

勝つことや1番になることへのこだわり
が強いマサさん。1番になれないとかん
しゃくを起こし、友だちとトラブルにな
ることもある。

1 保育者が気になっている
姿を整理する

勝つことにこだわりがあるな。
勝てないと、かんしゃくを起こ
したり大泣きしたりして困るな。
なんでも1番にならないと友だ
ちに八つ当たりをするし……。
どうして、1番にこだわるのだ
ろう。

視点の転換

2 子どもの側に立って考える

勝つことがよいことだと思って
いて、負けたくない気持ちが強
いのかもしれない。友だちに当
たるほど嫌な気持ちになってい
るのかな。1番になると保育者
のそばにいられて、安心なのか
も。

③ 気づきをさらに広げる
（よい面や素敵なところなど）

- 体を動かすことが大好きで、園庭の固定遊具などでは、活発な子どもたちとよく一緒に遊んでいる。
- 製作物はユニークなものが多い。
- 普段は、泣いている友だちに「どうしたの？」と声をかけるなどやさしい。

ここまでの理解を踏まえて、「どうなるとよいのか」、そのために「どうしたらよいのか」を考えます。

④ どうなるとよいのか（願い・ねらい）を考える

- 全員が1番になれるわけではないと気づき、1番でないことを我慢できるようになる。
- 勝ったり1番になったりするために、どのような努力が大切かについて考える。
- マサさんなりに怒りを抑えたり、友だちに当たったりしないようになる。

⑤ 今後の手立てを考える

- 「1番になりたい」「勝ちたい」という思いやこだわりを否定しない。
- 1番になったときや勝ったときの気持ちを聞き、「そうなんだね」「うれしいんだね」と認める。
- 言葉で気持ちを伝えることを提案する。
- 1番になれない友だちや負ける友だちもいること、1番以外の順番もあること、勝つことも負けることもあることに気づかせていく。
- 1番になれなかったときはどんな気持ちか、友だちに乱暴することをどう思うか、手が出てしまう理由などを、とがめる調子にならないよう配慮しながら聞く。

整理したこと、考えたことを「個別の指導計画」にまとめます

事例A

マサの個別の指導計画

氏名	○○マサ（5歳児・男）
生年月日	令和○年5月○日生まれ
家庭の状況	父・母・本人（3人家族）
健康の状況	良好

担任として困っているところ

- 勝つことにこだわり、勝てないとかんしゃくを起こしたり大泣きしたりする。
- 並んで移動するときやかけっこの順位など、なんでも1番にならないと友だちに八つ当たりをする。「1番になること」にこだわる理由がわからない。

POINT

保育者自身が困っていることを、子ども側に立って、「その子が困っていること」として捉えてみましょう。
子どもの側に立ってみると、思いがけない気づきがあるものです。その気づきをもとに、マサへの内面理解が進み、必要な手立てが生まれます。

子どもの側に立ってみると

- 勝つことがよいことだと思っている。
- 勝つときもあれば、負けるときもあることを知らない。
- かんしゃくを起こしたり大泣きしたりするほど、負けたくない気持ちが強い。
- 「1番」という順位がわかりやすい。
- 1番になれなかったことで、友だちに当たるほど嫌な気持ちになっている。
- 1番になって保育者のそばにいたい。安心感を求めている。

担任　〇〇　　記入日　令和〇年4月〇日

発達の状況	・5月生まれということもあり、クラスでは体は大きいほうである。 ・言葉や身体状況等の発達は年齢相応である。 ・体を動かすことを好む。
その他	・一人っ子で、家庭では大切にされている。 ・「1番」や「勝つ」ことへのこだわりが強い。 ・1番になれなかったり、負けたりすると大暴れする。 ・家庭では父母が譲ってしまい、勝ち負けでもめることはないという。

POINT

「その他」の欄に記入する内容は、深刻に悩まなくて大丈夫です。どんなことでも書いておくとよいでしょう。

よい面や素敵なところ

● 体を動かすことが大好きで、園庭の固定遊具でよく遊んでいる。

● 滑り台や砂場などでは、活発な子どもたちとよく一緒に遊んでいる。

● 製作物はユニークなものが多い。

● 1番になって、保育者に寄り添っているときはとても穏やか。

● 普段は、泣いている友だちに、「どうしたの？」と声をかけるなどやさしい。

ねらい

● 全員が1番になれるわけではないと気づき、1番でないことを我慢できるようになる。

● 勝ったり1番になったりするために、どのような努力が大切かについて考える。

● 本児なりに怒りを抑えたり友だちに当たったりしないようになる。

手立て

● 「1番になりたい」「勝ちたい」という思いやこだわりを否定しない。

● 1番になったときや勝ったときの気持ちを聞き、「そうなんだね」「うれしいんだね」と認める。

● 言葉で気持ちを伝えることを提案する。

● 1番になれない友だちや負ける友だちもいること、1番以外の順番もあること、勝つことも負けることもあることに気づかせていく。

● 1番になれなかったときはどんな気持ちか、友だちに乱暴することをどう思うか、手が出てしまう理由などを、とがめる調子にならないよう配慮しながら聞く。

POINT

誰でも否定されるのは嫌なことです。
まずは、「1番になりたい」「勝ちたい」という気持ちを「そうなんだね」「うれしいんだね」と受け止めることが大切です。
子どもは、自分の気持ちを、保育者にしっかり受け止めてもらうことで、はじめて、素直に保育者の言うことに耳を傾けるようになっていきます。

事例 B 友だちとうまく関われない子ども

タケさん（5歳児・男）

見たまま・感じたままを言葉にしてしまい、友だちに嫌な思いをさせてしまうことが多い。遊びに誘われても興味を示さず、一緒に遊んでもルールを守ることができない。

1 保育者が気になっている姿を整理する

「変な服だね」「顔に点（ほくろ）がついてるよ」など、友だちが嫌がることを平気で言う。友だちに誘われても遊びたがらない。おにごっこやブランコの順番待ちなど、遊びのルールも守れず、友だちとトラブルを起こすことも。もっと友だちと仲よく遊んでほしい……。

視点の転換

2 子どもの側に立って考える

相手が怒ったり、泣き出しだりすることを不思議に感じているようなので、相手を傷つけるつもりはない。好きなことに夢中になっているときは、友だちの誘いに気づかない。遊びのルールを理解していないかもしれない。

3 気づきをさらに広げる
（よい面や素敵なところなど）

- 友だちが新しいくつをはいていると、「新しいね」といち早く気づいて伝えるなど、タケさんらしい気づきがある。
- 恐竜の知識や乗り物の機能などにも詳しく、生き物にやさしい。まわりの人たちにもやさしい面がある。
- お店やさんごっこでは、入り口の「案内図」を見て、その内容を理解している。いろいろなものをよく見ていて、視覚情報にはよく反応する。

ここまでの理解を踏まえて、「どうなるとよいのか」、
そのために「どうしたらよいのか」を考えます。

4 どうなるとよいのか（願い・ねらい）を考える

- 同じ興味をもつ友だちと関わって遊ぶ楽しさを味わう。
- 遊びや集団生活にはルールやマナーがあることを知り、守ると心地よいと感じる。

5 今後の手立てを考える

- 恐竜や乗り物などに興味をもつ子どもと交流ができるようにする。
- 言語での情報を理解するのは難しいかもしれない。視覚情報を取り入れて伝えるなど、わかる方法を探す。
- ルールの理解を促すために、恐竜や乗り物に関する言葉を使う。

整理したこと、考えたことを「個別の指導計画」にまとめます

事例B

タケの個別の指導計画

氏名	○○タケ（5歳児・男）
生年月日	令和○年3月○日生まれ
家庭の状況	父・母・姉・本人・妹・祖母（6人家族）
健康の状況	風邪を引きやすい

担任として困っているところ

- 「変な服だね」「顔に点（ほくろ）がついてるよ」など、友だちが嫌がることを平気で言う。
- 友だちに誘われても遊びたがらない。もっと友だちと遊んでほしい。
- おにごっこ、ブランコの順番待ちなど、遊びのルールが守れず、友だちとよくトラブルを起こす。

POINT

タケは、目に見えないこと、つまり人の気持ちなどを想像するのが苦手なようです。一方で、視覚情報は理解できています。友だちが嫌がる様子を示す「絵カード」を提示したり、保育者が「×」のサインを出したりして、伝えていくとよいでしょう。
徐々に「うれしい言動」が増えてきたときのために、ニコニコ顔の「絵カードまたは写真」や「○」のサインも用意しておきたいですね。

子どもの側に立ってみると

- 見たまま、感じたままを言っている。相手を傷つけるつもりで言っているのではない。
- 相手が怒ったり、泣き出したりすることを不思議に感じている。
- 好きなことに夢中になっているときは、友だちの誘いに気づかない。
- 「もう5歳児だから当然わかっているだろう」と保育者は思いがちだが、遊びのルールの存在を知らない、理解していない。

発達の状況	・3月生まれで早産だったとのこと。生まれたときからよく病気をしたと聞く。今も風邪を引きやすいため他児に比べ欠席が多い。 ・診断名はついていないが、週に一度、療育機関に通っている
その他	・相手の思いや状況を理解することが難しい。 ・自分の感じたまま思ったままを口に出す。 ・友だちとはうまく関われないことが多いが、特定の子どもとは仲よくしている。

よい面や素敵なところ

- 友だちが新しいくつをはいていると、「新しいね」といち早く気づいて伝える。本児らしい気づきがある。
- 恐竜の知識や乗り物の機能などにも詳しく、生き物にやさしい。まわりの人たちにもやさしい面がある。
- お店やさんごっこでは、入り口の「案内図」を見て、その内容に従っていた。いろいろなものをよく見ていて、視覚情報にはよく反応する。

ねらい

- 同じ興味をもつ友だちと交流できる。
- 遊びや集団生活にはルールやマナーがあることを知る。

手立て

- 恐竜や乗り物などに興味をもつ子どもと交流ができるようにする。
- 言語での情報を理解するのは難しいかもしれない。視覚情報を取り入れて伝えるなど、わかる方法を探す。
- 乗り物や恐竜などを活用してルールや望ましい行動などを伝える。

事例 C じっとしていられない子ども

ショウさん（3歳児・男）

落ち着いて過ごすことが難しく、一つの遊びに集中できない。活動の妨げになるほどしゃべり続けている姿もある。

① 保育者が気になっている姿を整理する

じっとしていられず、目の前に物があっても突進して、ぶつかったりするので目が離せない。集中することができず、みんなと一緒の活動から抜けてしまうことも。おしゃべりも止まらず、絵本の読み聞かせなどでは、途中で勝手に大きな声で話し出すので、活動の妨げにもなり、注意することが多くて困るな……。

視点の転換

② 子どもの側に立って考える

意図的に動いているのではなく、止められないのかも。活動は興味がもてなくて集中できない？ 絵本や言葉に興味があって、いろいろ話したくなるのかもしれない。

③ 気づきをさらに広げる

（よい面や素敵なところなど）

- 落ち着きがないのは活発な証拠かもしれない。
- 園内を走り回っているので、ほとんどの保育者や職員が本児を知っており、声をかけてくれる。本児も保育者や職員に対して友好的な態度で接している。
- 持続時間は短いが、気の合う友だちと一緒に同じ遊びをくり返すようになってきた。
- 保育者と1対1で好きな絵本を見ているときは、知識豊富な本児のおしゃべりから保育者自身も教わることが多い。

ここまでの理解を踏まえて、「どうなるとよいのか」、そのために「どうしたらよいのか」を考えます。

④ どうなるとよいのか（願い・ねらい）を考える

- 集団で活動することが必要なときは、5分間だけでもできたらよいこととし、徐々に時間を延ばす。
- 本児の保育者との関係性を深めていく。

⑤ 今後の手立てを考える

- クラスの活動計画等について保育者間の情報の共有化を図る。居場所がわからないのは安全管理上も問題があるので、園全体で見守るようにする。
- 視覚的な情報は、有効と考えられる。メッセージや注意書きに絵や写真を添えたり、言葉かけと同時に絵カードや写真を活用したりする。
- 約束が守れたら、スキンシップやふれあい遊びなど、本児が喜ぶことを一緒に行い、大いに認める。
- 保育者との信頼関係を深められるように、1対1で遊ぶ時間を設ける。

整理したこと、考えたことを「個別の指導計画」にまとめます

はじめて書いてみる個別の指導計画

氏名	○○ショウ（3歳児・男）
生年月日	令和○年10月○日生まれ
家庭の状況	母・兄・本人・祖母（4人家族）
健康の状況	早産　出生時の体重2,010ｇ

担任として困っているところ

- 保育室の中で落ち着いて過ごすことが難しく、園内を動きまわり行方がわからなくなることがあり、常に安全確保への注意が必要。
- 目の前に物があっても突進し、よくぶつかる。頻繁にけがをするので目が離せない。
- 飽きてしまうのか、一つの遊びに集中することがなく、みんなと一緒の活動から抜けてしまうことがある。
- まわりの刺激に敏感に反応し、友だちと遊んでいるときに物音がすると興味がうつる。
- 絵本の読み聞かせなどでは、保育者の言葉の一つひとつに反応して話し出し、ずっとしゃべっているため活動の妨げになる。

子どもの側に立ってみると

- 意図的に動いているのではなく、自分自身でも止められない。
- 保育室には本児の興味を引く環境が少ないため、保育室を飛び出して、おもしろいものを探しにいこうとする。
- 3歳児にしては活動量が多い。ほかの子どもより活発である。

発達の状況	・早産で、産後NICU（新生児のための集中治療室）に1週間入院しケアを受けたが、その後、大きな病気をすることは無かったとのこと。 ・多動傾向があり、入園前もすぐいなくなってしまうので目が離せなかったという。 ・療育機関（2日）と園（3日）とを併用している。
その他	・兄とは10歳離れている。 ・本児の出生後、両親は離婚している。 ・母は働いているため、祖母が主な養育者となっている。

よい面や素敵なところ

● 活発で、よく体を動かしている。

● 絵本は、乗り物のほか、簡単なストーリーのあるものにも興味を示す。

● 隣のクラスが園庭で遊ぶ様子などによく気づく。

ねらい

● 集団で活動することが必要なときは、5分間だけでもできたらよいこととし、徐々に時間を延ばす。

● 担任保育者に親しみと信頼感をもつ。

手立て

● クラスの活動等について園内の情報の共有化を図る。居場所がわからないのは安全管理上も問題があるので、園全体で見守るようにする。

● 視覚的な情報は、有効と考えられる。メッセージや注意書きに絵や写真を添えたり、言葉かけと同時に絵カードや写真を活用したりする。

● 約束を守るなど、集団生活で望ましい行動を自らしたくなるように、スキンシップやふれあい遊びなど、本児が喜ぶことを用意する。約束が守れたら、本児が喜ぶことを一緒にして、大いに認める。

● 絵本の読み聞かせなど、保育者と1対1で遊ぶ時間を設ける。

● 園での様子がわかってきたら、相互訪問するなど療育機関との連携を図っていく。

POINT

4月といえば、まだ入園したばかり。療育機関と園とを併用し、園に来るのは週に3日間です。発達の状況も考えると、園内を動き回るのもわかる気がしてきます。園中を走り回る本児は、きっと、うれしさでいっぱいなのでしょう。しばらくは、園全体で見守り、安全だけは確保しましょう。担任保育者とのスキンシップで、徐々に落ち着いてくることを期待したいですね。

2

はじめて書いてみる　個別の指導計画

集団行動がとれない子ども

事例 D

マオさん（4歳児・女）

集団に入りたがらず一人で過ごす姿が目立つマオさん。指示と違うことをすることがしばしばあり、友だちから注意されると、嫌がってトラブルになることがよくある。

① 保育者が気になっている姿を整理する

人が集まる場所を嫌がり、一人だけ別の場所にいることが多い。集団遊びも参加したがらず、参加しても遊びのルールが守れない。注意した友だちを突き飛ばしたり、嫌がることを言ったりする。指示が伝わらないことが多いのも気になる……。

視点の転換

② 子どもの側に立って考える

騒がしいのが苦手で静かな場所にいるのかも。グループ活動や集団遊びはルールがわからないのかな。友だちからの注意は強い非難に聞こえるのだろうか。指示は、自分に言われていることがわからないのか、内容がわからない可能性も。

③ 気づきをさらに広げる
（よい面や素敵なところなど）

- 世界の国旗の絵本に興味があり、よく見ている。
- 「マオさん、あのね」と保育者が名前を呼ぶと顔を向けてくれる。
- ほかの子どもたちが見ている絵本や玩具に興味を示すことがある。

ここまでの理解を踏まえて、「どうなるとよいのか」、
そのために「どうしたらよいのか」を考えます。

④ どうなるとよいのか（願い・ねらい）を考える

- 保育者の言葉かけに注意を向けられるようになってほしい。
- 自分の好きなことをして遊ぶ楽しさを、十分味わってほしい。

⑤ 今後の手立てを考える

- 音の刺激に過敏性が見られるので、「これは大丈夫？」など、本児の気持ちを確かめ、安心できるようにする。
- 指示を伝えるときは本児の名前を呼びかけ、自分のこととして関心をもてるようにする。
- 言葉だけでなく、写真やイラストなどを添えて伝える。一度に複数の指示を伝えず、一つわかったら次を伝える。
- 集団活動に参加することだけを求めるのでなく、本児が興味や関心をもっている遊びが充実するよう工夫する。
- 「いいよ」「あとで」など、集団での生活や遊びに必要な言葉を伝えていく。
- まわりの子どもたちが、言葉で本児と関わろうとする気持ちをもち続けられるよう、「マオちゃん、あのね」と話しかけると伝わりやすくなることや、「ゆっくり待ちながら応援してね」などと伝えていく。

整理したこと、考えたことを「個別の指導計画」にまとめます

事例D

マオの個別の指導計画

氏名	○○マオ（4歳児・女）
生年月日	令和○年12月○日生まれ
家庭の状況	父・母・本人・2歳の妹（4人家族）
健康の状況	良好

担任として困っているところ

- 人が集まる場所を嫌い、集団遊びに参加しない。クラスやグループなどの集団での遊びを嫌がり、参加しても遊びのルールが守れない。
- 一人だけ別の場所にいることが多く心配である。
- 注意した友だちを突き飛ばしたり、嫌がることを言ったりする。ほかの子にも影響を与え、集団での遊びがおもしろくなくなってしまう。
- 本児にだけ指示が伝わらないことが多い。くり返し指示を出しても一人だけ指示通りに行動できない。

子どもの側に立ってみると

- どうしてよいかわからず、グループ活動や集団遊びを嫌がっている。
- ルールを「守らない」のではなく、ルールそのものが理解できない。
- 友だちからの注意は本児には強い非難に聞こえ、自分を守るために乱暴な行動をしてしまっている。
- 指示が伝わりにくいのは、自分のこととして捉えられない、聞いていても内容がわからないといった理由がある。言葉の理解や受け止め方に弱さや課題がある可能性も。
- 遊びのルールや、4歳児なりの暗黙の了解（「いれて」「いいよ」などのやりとり）を、ほとんど理解していない。
- 騒音や密集状態への抵抗感など、何かしらの理由があり、人が集まる場所が苦手。

担任　〇〇　　記入日　令和〇年4月〇日

発達の状況	・出生時の体重は3,010gで、普通分娩だった。 ・大きな病気はなく、身体的には健康に育った。 ・保護者は、妹が生まれてから、言葉の発達に違いがあるのに気づく。
その他	・1～2歳の頃から人混みや観光地を嫌がるのが目立ち、電車、特に地下鉄に乗ると泣くことが多かった、と保護者から聞いている。 ・お気に入りの絵本があり、世界の国旗などをよく見ている。

POINT
保護者からの情報は、子どもの行動の背景を的確に理解するのに役立ちます。

よい面や素敵なところ

● 世界の国旗の絵本に興味があり、よく見ている。

●「マオさん、あのね」と保育者が名前を呼ぶと顔を向けてくれる。

● ほかの子どもたちが見ている絵本や玩具に興味を示すことがある。

ねらい

● 言葉だけでなく、表情やジェスチャーなどで保育者に自分の気持ちを伝え、伝わることを喜ぶ。

● 安心して自分の好きな遊びを楽しみ、保育者や友だちと関わることを楽しむ。

手立て

● 音の刺激に過敏性が見られるので、「これは大丈夫？」など、本児の気持ちを確かめ、安心できるようにする。

● 指示を伝えるときは名前を呼びかけ、自分のこととして関心をもてるようにする。

● 言葉だけでなく、写真やイラストなどを添えて伝える。一度に複数の指示を伝えず、一つわかったら次を伝える。

● 集団活動に参加することだけを求めるのでなく、本児が興味や関心をもっている遊びが充実するよう工夫する。

●「いいよ」「あとで」など、集団での生活や遊びに必要な言葉を伝えていく。

● まわりの子どもたちが、言葉で本児と関わろうとする気持ちをもち続けられるよう、「マオちゃん、あのね」と話しかけると伝わりやすくなることや、「ゆっくり待ちながら応援してね」などと伝えていく。

POINT
このクラスでは、インクルーシブ保育が実現されています。下線部に見られる配慮やまわりの子どもたちへの言葉かけは素敵ですね。保育者を中心としてクラスのみんなが、互いを大切に思い、行動する様子が目に浮かびます。

子ども理解のポイント

ポイント 1 「子どものために」の視点で

どう子どもを支援したらよいかに意識が向きがちですが、その前に、子どもが困っているという視点を大切にしましょう。それが、子どもに寄り添った支援につながります。

ポイント 2 肯定的に捉える

集団活動を嫌がる、友だちと仲よくできないなど、子どもを否定的に見るのでなく、まずは受け止めてみましょう。「嫌がるのには訳があるのかな?」「けんかはするけど仲のよい友だちは結構多いよね」など、肯定的に捉えましょう。

ポイント 3 思い込みから脱却する

入園・進級時などに引き継いだ事柄やはじめの印象で、子どもの特性を思い込んでしまうことがあります。子どもは日に日に成長し、発達しています。ときどき目の前の子どもを見つめ直し、保育者自身に思い込みがないか、自問自答してみることも大切です。

第 3 章

多様な子どもに対応した
個別の指導計画

対象の子どもの理解と指導に必要な
具体的な手立てが見える
個別の指導計画を提案します。
これまでに個別の指導計画を作成したことがある保育者の
「もっと知りたい」情報を提供します。

保育者ミユキ先生の困りごと（5年目の保育者）

4歳児担任のミユキ先生は、リーダー的な役割も任せられ、忙しい毎日。
気になる女児の個別の指導計画がなかなか立てられず……。

ミユキ先生の思い

●アイさんは、休み明けはいつも、ぼーっとして行動が遅いな。お休みで生活リズムが崩れているのかな。
●そのうち元気が出てくるけれど、このままでいいのかな。

ミユキ先生の思い

●好きな遊びはあるけれど、いつも一人で遊んでいる。もう少し、お友だちと遊べるようになるといいのだけど。

●アイさんは、いつも譲ってしまう。トラブルになることはないけれど、園を楽しめていない気もする。

ミユキ先生の思い

● アイさんは、好きなことには楽しく参加できている。
● アイさんが参加しなくてもよい選択を用意しながら、少しずつ集団活動に参加できるようにしていきたいな。

ミユキ先生の
気づき

そうだ
連携ができる
個別の指導計画を
立てよう

アイさんは、自分のペースがあり、一人が好きなようだ。

$\cdots\rightarrow$

アイさんが楽しさを味わえる参加の仕方を共有する必要がある。

$\cdots\rightarrow$

保育者が同じ方針で指導するために、アイさんの個別の指導計画が必要。

アイの 個別の指導計画

アイの個別の指導計画を立ててみましょう。
まずは、子どもの姿を整理することから始めます。

事前整理の流れは、28〜31ページ参照

ステップ 1 事前整理する

子どもの日々の姿から、各項目を書き出します。

困って（気になって）いること	●一斉活動に参加しないことがほとんどである。無理に誘うと泣いて暴れるため、誘わず危険がないように見守っている。その間、絵本やおもちゃを手に取って過ごしている。 ●個別に声かけをしても、視線が合わないことが多い。 ●「いや」「やらない」「〇〇先生は？」といった言葉で自分の気持ちを大人に伝えるが、子ども同士のやり取りはほとんどない。 ●給食の準備はみんなと一緒にやろうとせずゴロゴロと寝転がっているが、食事を始める寸前になると、すぐに準備をし、他児と一緒に食べ始めることができる。 ●身支度に時間がかかるのは、保育者に甘えたいのかと思うことがよくある。
よいところ	●他児と物の取り合いになりそうな場面では自分から身を引くため、トラブルになることはほとんどない。 ●すぐやめてしまうが、ダンスは好きな様子。また、マット上で転がるなどの遊びは好きで、クラスで始めると誘われなくても自分から参加する。 ●みんなで保育者の話を聞くときは、保育者の膝に座るとうれしそうな表情になり、機嫌よく座っている。
注意が必要なところ	●時間がかかるせいでもあるが、自分でできるのに、担任以外の保育者がつい手伝ってしまうので、情報を共有し、必要な支援だけにするよう注意する。 ●本児の心情などによって、甘やかしてよいのか迷うことがあって見極めが必要である。
好きなこと・嫌いなこと	●CDに合わせて体操するのが好きである。 ●ままごとコーナーにある野菜やハンバーグなどの食べ物を使う遊びや、ブロックの構成遊びを一人でよくしている。
保護者の気持ち	●4か月前に第二子を出産したため、子育てに余裕がない。 ●父親が休みの日は、朝から夜まで本児と遊びに出かけることが多い。その間だけ、母親は第二子の世話をして、ほっとする気分になるそうだ。

原因、願い・ねらい、手立ての順で考えを進める

事前整理でまとめた子どもの姿を踏まえて、個別の指導計画にまとめるための考えを進めます。

子どもの姿	●登降園時の身支度や給食の準備は自分でできるはずだが、保育者が手伝わなくてはいけない状況を意図的につくろうとする姿が見られる。甘えたい気持ちが強いのかもしれない。 ●一斉活動に参加しないことがほとんどである。無理に誘うと泣いて暴れる。 ●一人遊びが多い。 ●個別に声かけをしても、視線が合わないことが多い。 ●他児と物の取り合いになりそうな場面では、自分から身を引くのでトラブルになることはほとんどない。 ●時間は短いが、ダンスやマット上で転がるなどの遊びは好きで、一斉活動でも参加する。
原因 （なぜ困っているのか・子どもはどう感じているのか）	●他児との関わり方がわからないのかもしれない。 ●心配が先に立つ性格かもしれない。または、様々な刺激に過敏に反応して不安があるのかもしれない。 ●甘えたい気持ちが強いのかもしれない。 ●自分に自信がもてず、手伝ってほしいと思っているのかもしれない。
願い・ねらい （どうなるとよいのか）	●必要に応じて手伝ってもらいながら、自分でできることを喜んだり達成感を感じる。 ●自分なりに参加して、好きな遊びや学級全体での様々な遊びの楽しさを味わう。 ●一斉活動や好きな遊びの場で、友だちと一緒の楽しさを感じられるようになる。
手立て （そのためにどうしたらよいか）	●一日の流れを紹介する中で、着替えのタイミングは絵カードを使って示しておく。 ●みんなより先に着替えられるように、他児よりも先に声をかけてうながす。その際、間仕切りの活用を試してみる。 ●できたタイミングを逃さずほめたり喜んであげて、保育者に甘える喜びだけでなく、自立を認められる喜びを感じられるようにし、意欲を引き出す。 ●几帳面にできるうがいや手洗いを認めるとともに、きれいにできたことに共感して自己肯定感を感じられるようにする。 ●一斉活動に興味・関心をもてるように、本児の好きなものをはじめに取り上げる。参加できたときに、認めるサインを出したり言葉で伝えたりする。

ステップ 3　表にまとめる

ステップ2の整理を踏まえて、アイの個別の指導計画をまとめましょう。

<table>
<tr><td colspan="5">

個別の指導計画　○○アイ（4歳児・女）　令和○年4〜7月

担任　○○ミユキ（令和○年4月○日作成）

</td></tr>
<tr><td colspan="2">今年度の
ねらい</td><td colspan="3">●自分でできることに気づき、達成感を味わう。
●様々に体を動かす楽しさを味わう。
●自分から一斉活動に参加するようになる。</td></tr>
<tr><td colspan="2">今学期の
ねらい</td><td colspan="3">●必要に応じて手伝ってもらいながら、自分でできることを喜んだり達成感を感じる。
●自分なりに参加して、好きな遊びや学級全体での様々な遊びの楽しさを味わう。
●促されて一斉活動に参加し、友だちと一緒の楽しさを感じられるようになる。</td></tr>
<tr><td>項目</td><td>子どもの姿</td><td>ねらい</td><td>指導の手立て</td><td>評価</td></tr>
<tr>
<td>生活習慣</td>
<td>●一人で着替えようとせず、保育者に手伝ってもらいたがる。
●身の回りのことを保育者にやってもらうなど、甘える行動で承認欲求を満たそうとしているのかもしれない。</td>
<td>●できるところは自分で着替えようとする。
●身の回りのことを自分でできることをうれしく思い、保育者もそういう自分を喜んでくれていることを感じる。</td>
<td>●一日の流れを紹介する中で、着替えのタイミングは絵カードを使って示しておく。
●みんなより先に着替えられるように、他児よりも先に声をかけてうながす。その際、間仕切りの活用を試してみる。
●できたタイミングを逃さずほめたり喜んであげて、保育者に甘える喜びだけでなく、自立を認められる喜びを感じられるようにし、意欲を引き出す。
●几帳面にできるうがいや手洗いを認めるとともに、きれいにできたことに共感して自己肯定感を感じられるようにする。</td>
<td></td>
</tr>
</table>

子どもの側から考える将来像につながる長期的なねらいを立てて記入します。

長期のねらいを達成するために必要な、小さなねらい（スモールステップ）を記入します。

子どもの姿
「子どもの姿」(p.57)をもとに、項目に関わる姿を記入します。

ねらい
子どもの姿とその理由を踏まえ、少しがんばれば達成できるねらいを記入します。

指導の手立て
ねらいに向けた保育者の手立てを、具体的に記入します。必要なことはその都度書き足します。言葉かけや小さな手立ても記入しましょう。

項目

その子どもが達成したら生活しやすくなる項目を選びます。目標が多すぎると達成は難しくなります。無理のない範囲で考えましょう。

評価

保育や子どもの変化を振り返り、記入します。子どものがんばる姿、変化した姿を認め、次につながる評価をします。

項目	子どもの姿	ねらい	指導の手立て	評価
人との関わり・コミュニケーション	●一人でままごとをしているが、使いたいものが見当たらないと、すぐにその場から離れてしまう。そのとき、自分の気持ちを保育者に話すことはない。	●好きな遊びを、十分楽しむ。	●好きなようにままごとの遊具や道具が使えるよう、数を多く用意しておく。様子によって希望を聞いたり、求めに応じて不足分を出したりする。また、ままごとコーナーは必要に応じて場を広く取れるよう、不要な机は片づけたり移動したりして安全な動線を確保する。 ●本児の遊びの様子に応じて、こちらから声をかけてコミュニケーションの機会を増やし、関係を深める。 ●無理に他児と関わらせようとせず、本児が楽しさに満足できるようにする。	
一斉活動への参加	●朝の一斉活動時は、自分の好きな遊具を手にして様子を見ていることが多い。 ●話を聞くような場面で保育者の膝の上に座らせみんなのほうを向かせると、その場にいることができる。 ●いすに座って話を聞く場面では、たまにその場にいることができる。 ●好きな体操には、自分から参加するが長続きはしない。 ●大好きな保育者がいないときに散歩に行くのを渋ることがあるが、その保育者のエプロンを持たせると、その先生も一緒に行くとわかって安心して落ち着く。	●みんなと一緒にする活動に関心をもって少しでも参加できるようになったり、一緒に活動する楽しさを感じたりする。 ●保育者の膝の上であっても、みんなと一緒に座って活動に参加する。	●一斉活動に興味・関心をもてるように、本児の好きなものをはじめに取り上げる。参加できたときに、認めるサインを出したり言葉で伝えたりする。 ●一斉活動の前に、これからする活動に関心をもてるような働きかけ（写真などの視覚刺激も含め）や言葉かけをする。 ●自由な活動をしているときに、本児が楽しんでいることと同じようなことをしている子どもがそばにいたら、2人に同じことを楽しんでいることに気づかせ、他児に関心を向けるようにしていく。一斉活動の際には、好きな遊びのときに関わった子どもと隣にしたり、同じグループにするなど配慮してみる。	
保護者との連携	●身辺の自立について今できることを毎日ほめていくことを、家庭でも行っていく。 ●一人遊びの充実を保護者に伝えて、保護者が焦らないように心がける。			

ここからは、56-59ページで紹介した書き方での、
様々な子どもの個別の指導計画の作成例を紹介します。

事例 E

自立が難しい子ども（4歳児）

トイレや着替え、朝の支度など、生活の自立が進まない子どもの事例です。

タカのフェイスシート

氏名	○○タカ（4歳児・男）
生年月日	令和○年3月○日
家庭の状況	●共働きの父・母と本児の3人家族で、祖父母はともに遠距離に居住しており、子育てのサポートは望めない。
健康の状況	●特記事項なし。
発達の状況	●トイレットトレーニングなど生活の自立に遅れが見られる。
支援の状況	●担任1人とフリーの保育者が担当。2人とも今年度からの受けもちである。2人は記録メモを読み合い、子ども理解を共有し、週に一度、振り返りの機会を設け、次週の指導計画に活用している。 ●月末には、担任・主任・その他の保育者で、本児の個別の指導についても振り返り、次月の指導計画に活用している。「子どもの実態」「ねらい」「援助内容や配慮」等について、内容や書式が適切であるか悩み、工夫しながら指導している。 ●保護者はトイレットトレーニングに積極的で、家では睡眠中以外、布パンツで過ごさせようとしているが、トイレを怖がって行かないので、オムツで過ごす時間が長い。 ●安全のため、階段昇降時は常に保育者が手をつなぐようにしている。 ●児童発達支援事業所の利用を希望しているが、まだつながっていない。

ココがポイント！

保護者と願いが一致すると、指導の効果を得やすくなります。指導の評価と合わせて、ねらいが適切であったか振り返るとよいでしょう。

タカの事前整理

困って（気になって）いること	●着替えでは、できることも保育者に頼ろうとする。 ●トイレットトレーニングを昨年度の3学期から始めているが、なかなか成果が得られない。トイレへの抵抗はなくなったが、便座に座るのは嫌がっている。園では、散歩時と昼寝以外は布パンツで過ごしているが、尿意を伝えようとする行動をする姿は見られない。 ●時間を見計らってトイレに誘っているが、トイレで排泄できずお漏らしをしてしまう。そのため他児よりもトイレに誘う回数が増えてしまう。お漏らしをしても自分からは言わず、他児が保育者に伝えて気づくことが多い。そのときも、不快感や失敗感を見せることはない。どうしたら排泄が自立するのか悩んでいる。
よいところ	●ふざけることが好きで明るい性格。つい手を貸してしまいたくなるような愛嬌がある。 ●言葉の表出はゆっくりだが、保育者が言っていることは理解しているように感じる。 ●英語の時間には自発的にいすに座って活動するなど、指示を理解してみんなと同じように行動できることがほかの一斉活動の場面より多い。 ●昨年度と比べると、突発的で予想しにくい行動が減ってきている。
注意が必要なところ	●お漏らしをしたことを他児が気づかないうちに処理し、本児が過度の失敗感や罪悪感をもたないようにする。トイレへの抵抗感を軽減したり、トイレに誘う回数を配慮したりする必要がある。
好きなこと・嫌いなこと	●白いごはんや麺が好きなので、具材や汁物を別皿に分けて提供すると食べられる。保育者の働きかけで、自分で具材や汁をかけて少しだけ食べる姿も見られるようになってきた。
保護者の気持ち	●オムツを外し、日中は布パンツで過ごさせたい。

学級の状況　2人担任12人の学級で、その中に、外国にルーツがある子どもが2名、要支援の対象ではないが、言葉の表出につまずきのある子どもが4月に転入園した。4月から保育室が1階から2階になり、担任は2人とも変わっている。

事例E ## タカの個別の指導計画

個別の指導計画　○○タカ（4歳児・男）　令和○年4～8月期

担任　○○○○（令和○年4月○日作成）

今年度の ねらい	●排泄、着替え、所持品の始末など身の回りのことを自分でできるようになり、自信をもって行動できるようになる。 ●自分なりの目的や興味・関心をもって様々な活動に取り組み、楽しさを味わう。 ●自分の気持ちを伝えたり相手の気持ちを聞いたりしながら、友だちと一緒に遊ぼうとする。
今学期の ねらい	●便座に座れるようになる。 ●自分の力を試し、自信をもつ。 ●好きな遊びを見つけて活動し、楽しさを味わう。　　※6月末に1つめのねらい（便座に座れるようになる）を取り下げ、代わりに2つめのねらい（自分の力を試し、自信をもつ）を追加した。

項目	子どもの姿	ねらい	指導の手立て	評価
身辺の自立	●着替えなど、できることも保育者に頼ろうとする。 ●漏らしても気にする様子がない。トイレへの抵抗はなくなったが、便座に座るのは嫌がっている。 **ココがポイント！** 成果が得られない場合は、思い切ってねらいを変更することも考えましょう。発達に合わなければ、子どもも保育者も疲れて終わることになりかねません。この事例では、ねらいを変更した結果、新たな視点での成長が見られました。	●できることは自分でする。 ●便座に座って排尿できるようになる。	●「この前、自分でできたよね」と自分でできたことを思い出させて励ます。自分で行う気持ちを持続できるように、離れた所で別のことをして視線を感じさせないようにする。 ●時間を見計らって主任の手も借りてトイレに一緒に行く。楽しくトイレに行けるよう、行ったらごほうびシールを貼って喜びを共有する。	●(6月下旬)トイレへの誘いかけが頻繁になり、担任だけではほかの子どもの保育に支障をきたすなど負担になっている。主任も協力したが、シールを貼ることに本児が飽きて便座に座ることはほとんどなく、効果がないように感じる。ねらいが本児の「今のねらいとして不適当」と考え、ねらいのランクを下げることを保護者と相談した。
生活	●甘えたがることもある半面、階段をおりるときに「手、つながない。一人で」と言うこともある。	●自分の力を試し、自信をもつ。	●安全に配慮しながら、やりたいと言うことをやらせ、挑戦したことやできたことを十分認める。	●できることもあることがわかった。本児を見直したような気がする。たくさんほめることが多くなった。

項目	子どもの姿	ねらい	指導の手立て	評価
遊び	●井形ブロックを出して集中して構成遊びをすることが多いが、作っただけで終わる。 ●友だちの遊びが気になって、見ていることもある。	●作ったもので遊ぶなど工夫を加え、楽しさを味わう。 ●関心をもった遊びに加わり、遊びの幅を広げる。	●作った物を動かして遊べる環境を用意する(坂、道路など)。 ●関心をもって見ているときは、一緒に傍らに行き、その遊びを言葉にして理解を促す。	●坂のある道路を環境として出したところ、一緒に構成遊びをしている子どもとくり返し遊び、会話を楽しむようになった。
コミュニケーション	●友だちや保育者と簡単な言葉のやりとりはできるが、相手にわかるように話そうという気持ちは少ない。 ●英語講師の話はよく理解でき、自分から指示に従って行動している。	●会話でわかり合う楽しさを感じる。	●子ども同士で言いたいことが伝わり、わかり合える喜びを味わえるように、必要に応じて仲介をする。 ●説明や指示をするときは、子どもがわかりやすい言葉を選ぶように心がける。また、いくつものことを一度に話すと、聞いたことを本児が忘れてしまうので、注意する。	●一緒に遊ぶ友だちと会話しながら遊ぶ姿が増えた。 ●新しく入った子どもと同じ遊びをしているうちに、その子どもの言葉を上手に聞き取り、おしゃべりするようになった。保育者が聞き取りにくそうだと気づくと、「○○って言ってるよ」と仲介してくれるようにもなり、保育者から「ありがとう」と言われることが増えた。
保護者との連携	●トイレットトレーニングには、小さなステップが必要なことを説明し、園での取り組みを説明し、理解を求める。保護者が前向きに取り組んでいることを受け止め、感謝を伝えつつ焦らず気長に対応していきたいことを真摯に伝える。 ●本児のよい姿や小さな成長を積極的に伝え、子育ての楽しさを共有する。 ●友だちとのトラブルが減ることを望んでいるが、大きくなれば大丈夫だろうと思っている。 ●特別な指導は望んでいない。			

その後の実際の記録

●5月下旬頃から、家庭でも園と同じようにごほうびシールを使うようになってくれたが、効果がないのでやめた。
●6月中旬、保護者と面談し、排泄の自立はあとまわしにすることになった。その他の着替えの自立と遊び、コミュニケーションに重点を移すことにする。
●友だちとの関わりが増え、遊び以外の場面での会話も増えてきている。本児なりのペースであるが、着実に成長している様子を実感している。
●トイレへの促しは神経質にならないようにし、むしろ本児が自発的にやりたいという手伝いなどをさせてほめることを増やしていたところ、11月になって突然、自分でトイレに入り、済ませるようになって驚いた。その後、排泄に関しては全く問題がない。

事例 F 運動遊びに入れない子ども（5歳児）

体を動かすことが苦手、言いたいことをすぐに話せない子どもの事例です。

テルのフェイスシート

氏名	○○テル（5歳児・男）
生年月日	令和○年2月○日
家庭の状況	●両親と本児の3人暮らし。 ●保育園に1歳から入園した。
健康の状況	●特記事項なし。児童発達支援事業所等は利用していない。
発達の状況	●3歳のときに両親が発語の遅れを心配し、行政の発達相談を受け、加配が措置された。
支援の状況	●本児が言いたいことを言えないときは話すように促し、相手に伝わるように仲介をしている。 ●一度、気分を害すると立ち直るのに時間がかかるが、しばらく様子を見ながら声をかけずにいると、自分から立ち直ることもできるようになってきている。

ココがポイント!

言いたいことがあってもすぐに言葉にするのが苦手な子どもは、時間を十分にとって話し出すのを待ち、話せたことに自信をもてるようにしましょう。

クラスの実態	●18名だが女児が数名で男児が多いクラス。 ●活発な子どもが多い。 ●子ども同士の関係はよいが、自分の気持ちを相手にわかるように話す子どもが少ないためにトラブルが多い。

テルの事前整理

困って（気になって）いること	●体の動きがぎこちなく、立ったり座ったりといった基本的な動作がゆっくりである。 ●他児と同じような速さで歩けず、引きずるような歩き方をする。 ●大人が一対一で相手をするときはボールの投げっこを楽しめるが、みんなで中当てなどのボールを使った運動遊びをするときは参加しようとしない。 ●着替え中や食事中に、注意がそれてしまうことがある。 ●お腹の底から出す力強い声ではなく、息が漏れるような発声の仕方でゆっくり話す。また、言いたいことがあるのに最初の言葉が言えず、言うことを諦めてしまうことがある。 ●気に入った遊具を使い、一人で遊ぶことが多い。
よいところ	●自由表現の活動の中で、木の葉が激しく舞い散る様子を、くるくると回りながら倒れる動きで表現していた。 ●気持ちが落ち着いているときは穏やかな性格で、なるほどと思うようなことを言うこともしばしばある。
注意が必要なところ	●気分を害したあと、調子が戻るのに時間がかかったり、身支度を忘れたりする。 ●一斉活動に移行する際に気持ちの切り替えが難しい。 ●話の内容を本当に理解しているのか、確認が必要だと思うときがある。
好きなこと・嫌いなこと	●木々の紅葉や朝晩の気温の変化には関心があり、「今日は朝、寒かったね」「このにおいは銀杏かな」などと保育者に話すことが多い。 ●動物になって表現する一斉の活動には喜んで参加する。
保護者の気持ち	●言葉などの遅れを心配しているが、就学への不安があるようには感じられない。「早生まれだから、そのうち追いつく」と思っている様子。

事例F **テルの個別の指導計画**

個別の指導計画	○○テル（5歳児・男）　令和○年9月後半〜11月末
	担任　○○○○（令和○年9月中旬作成）

今年度の ねらい	●友だちと感情やイメージを共有したり、ルールの必要性を感じたりしながら遊ぶ楽しさを味わう。 ●様々な動きに親しみながら、少し複雑な運動を楽しめるようになる。 ●自分の気持ちを伝えたり相手の気持ちを聞いたりしながら生活しようとする。
今学期の ねらい	●ルールのある運動遊びや、固定遊具やボール、縄跳びなどを使う遊びなどに親しみ、体を動かすことを楽しむ。 ●集中して身の回りの始末を行い、手早く済ませられるようになる。 ●木々の変化や季節の移ろいに関心をもつ。気づいたことや疑問に思ったことを伝えようとしたり、自然物を使って活動する楽しさを味わったりする。

項目	子どもの姿	ねらい	指導の手立て	評価
身辺の自立	●集中が途切れて時間がかかってしまうことがある。	●目的の行動に集中し、短時間で終えられるようになる。	●着替えのときに集中できるよう、視界に刺激物が入らないようにするなど環境に配慮する。	●衝立を用意したところ、集中して着替えられるようになった。早く着替えられたときは、オーバーにほめたらうれしそうに、「テルは早いよ」と自慢げに言うようになった。 ●11月末には、衝立なしでも気が散らずにできるようになった。
表現活動	●自然の変化に敏感で、気づくと自分らしい言葉や動きで表現できる。	●気づいたことを自信をもって表現したり、相手に伝えたりする。	●本児の自然に関する気づきの言葉をクラスの中で取り上げ、他児が本児のよさに気づくようにする。 ●達成感や満足感を得られる様々な表現活動を選ぶ。	

ココがポイント！

子どもの得意なことを全体の活動に取り入れると、子どもが輝くチャンスになります。子どもの実態に応じて活動を柔軟に考えることは、インクルーシブ保育に必要な考え方といえるでしょう。

項目	子どもの姿	ねらい	指導の手立て	評価
運動的な活動	●ボール投げは大人と一緒であればできる。 ●中当てには参加しないが、ボールをとることと投げることは好きなようで、外野の位置で参加することがある。 ●体の動きが不器用で、ゆっくりである。 ●鉄棒や縄を使った遊びを少し怖がる姿があるものの、興味・関心があり、参加することが多い。	●ボールに親しみ、ボール遊びの楽しさを味わう。 ●思い通りに体を動かせるようになる。 ●関心をもった運動遊びに参加し、楽しさを感じる。	●担任を中心に大人と一緒にボール遊びを楽しめるよう、臨機応変に職員同士が連携する。 ●本児なりに中当てに参加できるよう配慮する。他児から疑問や不満が出たときは逃さずに、子どもたちと話し合い、「全員が参加しやすいルールのほうが楽しい」という気持ちをもてるよう配慮する。 ●様々な粗大運動の活動の楽しさを味わえるよう、クラスの計画に入れ込む。 ●安全に配慮し、一人ひとりが目的の運動をできるよう、動線に配慮する。	●自由活動時にも進んでボール遊びをし、ボールの扱いが上達した。その一人遊びに、他児が関心をもって一緒に遊ぶようになった。3人以上になると本児は抜けてしまうので、安心して遊べるよう、配慮している。 ●前よりも、いろいろな動きに挑戦し、楽しめるようになってきている。
コミュニケーション	●声の出し方が弱くうまく伝わらないことがある。話し方はゆっくりであるが、友だちや保育者と言葉でやりとりする意欲はある。	●会話したい気持ちを生かし、友だちともっとたくさんおしゃべりを楽しめるようになる。	●子ども同士で話しているとき、保育者が必要に応じて本児の言葉をくり返して言ったり代弁したりする。 ●一斉活動の場面で発言する際は、他児には静かに聞く態度を促し、本児が安心して話せる環境を用意し、満足感を味わえるようにする。	●みんなが話を聞いてくれることがわかったためか、前よりもお腹の底から声が出るようになりつつある。 ●日々の生活の中で、表情が明るくなってきたように感じる。ほかの保育者も同じように言っている。
保護者との連携	●マイナス面はあまり伝えないものの、子どもの実態は素直に愛情を込めて保護者の身になって話していく。 ●運動遊びを楽しめたときは、十分その様子と子どもの表情や動きを具体的に伝え、喜びを共有できるような関係づくりに努める。 ●療育に関心はあるが二の足を踏む様子も見られるので、相談役になれるよう配慮して関わる。			

ココがポイント！

自分の意見や気持ちをクラスみんなで話し合う場を設けることは、とても大切です。みんなの感じ方が違うことに気づいた上で、「みんなが楽しめるルールをつくろう」とする心情を育む機会になるからです。

事例 G 他者と関わろうとしない子ども（4歳児）

一人で遊んでいることが多く、会話もあまりない子どもの事例です。

レイジのフェイスシート

氏名	○○レイジ（4歳児・男）
生年月日	令和○年2月○日
家庭の状況	●前年度に転居し、幼稚園に4月に入園した。両親と生後1年4か月の妹との4人家族。父親は仕事が忙しく、母親が主に養育を行っている。
健康の状況	良好
発達の状況	●転居前に、自閉スペクトラム症と診断されている。 ●転居後すぐに児童発達支援事業所の利用を開始し、週に1回通っている。
支援の状況	●入園が決定したときに、保護者から、「自分たちが信頼している○○法の指導を保育時間中に取り入れてほしい」と要望された。園の教育方針等を検討し、理由を話してお断りし、納得していただいた。 ●市の試験的な取り組みとして、気になる数名の子どもに対して正規の保育者と非常勤講師の保育者（2名：担当）が加配されている。保護者の希望で、学年の保護者に向けて、障害と本児への理解を求める話を入園当初に行っている。

ココがポイント！

保護者から園の指導への要望が伝えられたときは、合理的な配慮の範囲であるかどうかを十分に検討します。

園の実態

●2年保育4学級で全園児は84人の幼稚園。園長、副園長、担任4、加配の保育者1、主事1、非常勤講師1。
●毎年、障害のある子どもが在籍しており、特別支援教育の園内研修を継続的に行っている。

レイジの事前整理

困って （気になって） いること	●偏食があり、家庭でも決まったものしか食べない。 ●弁当が始まり、好きな物だけ入れてもらっているが、昼食時間になると部屋にも入らず廊下などを行ったり来たりして、食事の準備をしようとしない。 ●自分の気持ちは一語文でぽつりと言う。担当保育者（担当）がずっとついていて、その言葉を聞き取り、気持ちを想像しながら対応している。 ●表情は乏しく、行動もゆっくりであり、ほかの子どもと同じようなテンポで生活するのは難しい。ぼーっとしているように見える。 ●当降園時の身支度はやろうとせず、担当任せである。
よいところ	●恐竜の名前をよく知っていて、図鑑を見ながら読み上げている。興味・関心のあることを記憶するのは得意かもしれない。 ●物静かで穏やかな性格である。 ●本児のじっと図鑑を見ている姿や、ときおり英語を言うことに関心をもった年長児数名と、家が近所で保護者同士が仲のよい同じクラスの子どもからは好意をもたれており、よく話しかけられる。本児もそれを心地よく感じているようだ。
注意が必要な ところ	●好きな図鑑を見ているのを放置していると、ほとんど運動的な活動をしない。また、関心のあるものが少ないようなので、様子と時間を見計らって戸外に誘い、日の光を浴びるように仕向けたり他児が運動的な遊びをしている様子に関心を向けたりできるようにする必要がある。 ●めったにないが、いきなり保育者にかみつくことがある。理由が全くわからないので、他害に関して注意が必要である。
好きなこと・ 嫌いなこと	●恐竜の名前を図鑑を見ながら言うことが好きなようだ。 ●ブランコに乗って揺らしてもらうことやくすぐりっこすること、歌が好きだと保護者から聞いている。
保護者の気持ち	●わが子の成長によいと思う情報を、熱心に収集している。

事例G レイジの個別の指導計画

個別の指導計画　○○レイジ（4歳児・男）　令和○年4～5月

担任　○○○○（令和○年4月中旬作成）

今年度の ねらい	●園で安心して過ごし、遊びの楽しさを十分味わいながら興味・関心の幅を広げる。 ●運動的な活動に親しみ、しっかり立ち続けられるようになる。 ●クラスの友だちや保育者に親しみ、みんなと一緒の生活で様々な経験をする。
今学期の ねらい	●担当と親しみ、心の支えに感じながら運動的な遊びなどを楽しむようになる。 ●弁当をみんなと一緒に食べられるようになる。

項目	子どもの姿	ねらい	指導の手立て	評価
人間関係	●人の存在を感じていないかのようでもあるし、とても気にしているようでもある。自分から他者に関わろうとはしないし、とても怖がっているようにも見える。 ●図鑑を読み終えたあとなどに、くすぐってあげると喜ぶ。	●担当を信頼できる人、安心して甘えられる人と感じるようになる。 **ココがポイント！** 人を避けたがっていると大人が感じたとしても、子どもはみんな人と関わりたいと願っています。何らかの理由で関わり方がわからず困っているのです。子どもが怖がらないように、少しずつ仲よしになれるようにしていきましょう。	●本児の横に座って本児が見ているものと同じ図鑑を同じ姿勢で見、本児の声を黙って聞く。 ●朝の所持品の始末・降園準備などのときには、本児ができるところ以外はしてやりながら、自分自身のしている行動を言葉にしてつぶやく。 ●気持ちが乗っていないようなときや、場面転換のときは、気持ちが切り替わるようにくすぐりっこをする。	●本児と同じようにしていたら、突然、本児が「コレナニ」と言ったので、即座に恐竜の名を読んだ。このやりとりをくり返す日が続いた。このくり返しを毎日するうちに、本児と担当の関係が芽生えた気がする。 ●くすぐりっこは効果的だった。これからも、本児の好きなことを保護者から聞いて、使っていくとよいと思う。
生活	●昼食時、保育室に入れない。弁当を広げる様子もない。 **ココがポイント！** ねらいを達成するために、スモールステップを意識した指導方法をその子どもに合わせて考えます。ステップの高さや幅は、一人ひとり違うからです。	●弁当を食べ、午後も元気に活動する。 ●みんなと一緒に弁当を食べられるようになる。	●家庭で食べているものだけの弁当にしてもらう。 ●本児が好きな遊戯室のマットの上で、一人で食べられるように準備し、そこで食べられるようになったら、担当も一緒に食べる。慣れたら、保育室の前の廊下で壁を向いて食べる。 ●保育室内に関心をもてるようになったら保育室のほうを向いて食べる。	●この配慮は大変効果的だった。4月下旬に、保育室で食べられるようになり、5月末には、「弁当をみんなと一緒に食べられるようになる」という今学期のねらいを達成できた。 ●弁当に入っているものに変化はない。偏食については、保護者と相談しながら進めたい。

項目	子どもの姿	ねらい	指導の手立て	評価
遊び	●登園直後から図鑑を見て一日過ごしがちである。 ●戸外に出てもフラフラ、園庭を歩いて過ごすことが多い。	●戸外で好きな遊びを見つけ、楽しむようになる。	●朝いちばんに図鑑を見る時間はしっかりそれにつき合って満足できるようにし、様子を見て園庭に誘う。 ●園庭の様々な遊具を一緒に見て回りながら、興味・関心がありそうなもので遊ぶように誘ってみる。戸外で遊ぶことの楽しさを味わい、笑顔になれるよう、楽しさを少しオーバー気味に表現し、笑顔を共有できるようにする。 ●ブランコを揺らしながら童謡「ぶらんこ」をうたうと喜ぶ。一回うたったら、「もっと？」と聞き、「モット」と答えたらまたうたいながら揺らす。その際、隣のブランコの子どもからも要求されたら揺らすなどして、同じようにブランコが揺れる心地よさを感じられるようにする。	●ブランコが好きだが、揺れることには恐怖心もあるようだった。しかし、徐々に「ぐいぐい」と強く揺らしてほしいと要求するようになった。 ●ブランコの歌だけでなく、歌を保育者にリクエストするようになった。「ドレミの歌、英語」と。英語でうたうととても喜ぶ。 ●ブランコをゆすってもらうのをとても気に入り、毎日かなり長時間乗っている。 ●ブランコは2台あって、他児は空いているほうに交代で乗り、文句も言わない。しかし、漕げる子どもでも、本児と同じように担当に「漕いで」と要求する子どもは多く、どの子どもの要求にも応じると、本児のブランコと同じリズムで揺れることを楽しむ子どもが多かった。 ●子どもたちは本児の声を聞くことが少なかったので、ひと言でも本児が言葉を話すと、喜んだりびっくりしたりしている。「いつか一緒に遊びたいの」と担任や担当に話す子どもも出ている。 ●弁当を一緒に食べられるようになると、同じ机に座ることを喜ぶ子どもが多い。
保護者との連携	●本児にいつも担当がついていることを伝え、安心してもらえるようにする。 ●保護者の話はどのような内容でも否定せず、受け止めるよう心がける。今、ここで本児がしていることを楽しい雰囲気が伝わるように話して、保護者自身が担当に信頼感や親しみを感じてもらえるようにする。			

事例 H じっとしていられない子ども（4歳児）

落ち着かない動きが多く、気持ちの立て直しが難しい子どもの事例です。

ココがポイント！

行政の巡回相談などは積極的に利用しましょう。保育の専門家である保育者と心理の専門家が対等な関係で話し合うことで、子どもの成長に寄り添う保育ができるようになります。

ケイのフェイスシート

氏名	○○ケイ（4歳児・男）
生年月日	令和○年6月○日
家庭の状況	本児と両親の3人家族
健康の状況	良好
発達の状況	●3歳児のとき、多動傾向があることと手が出やすいことから、市の要支援児に認定され個別の指導計画作成の対象となった。
支援の状況	●児童発達支援事業所に週に1回通い、サービスを受けている。 ●事業所との連携はできておらず、手探りで指導をしていて心もとなく思っている。保護者に事業所との橋渡しについて相談を始めている。 ●市の方針で定められている個別の記録は、3歳児のときから作成している。 ●この4月から市の巡回相談を受けるようになり、心理士が訪問し、観察後相談をするようになった。

ケイの事前整理

困って（気になって）いること	●自分の思い通りにいかないことがあると、相手をぶったり、へそを曲げて一斉活動から抜けたりすることがよくある。また、他児と体がぶつかると反射的に乱暴な言葉を言ったりぶったりし、怒りの感情を落ち着かせるのに時間がかかる。また、がんばっていることなどをほめると、それが気に入らなくて怒るので、うかつにほめ言葉も言えない。 ●一斉活動で保育者の話を聞いているときに、聞いた言葉から思いついたことを大声で話し、制止してもやめられないことがある。 ●言葉の理解と表出に難しさがあり、指示を受けると他児の様子を見て行動することが多い。また、会話の中で言いたいことが思うように伝えられないことがある。 ●自由に活動する場面では、好きな遊びを始めてもすぐにほかの遊びに興味が移って長続きしないことがある。
よいところ	●友だちと一緒にやりたい遊びを楽しむ姿がよく見られる。特に昨年度の11月ごろから、本児と同様に言葉での伝え合いが不得手な子どもと気が合い、一緒に遊ぶことが増えて仲よしになった。 ●保育者を信頼している。できないことがあると、「やって」「できないよー」と甘えて手伝ってもらいたがることもある。 ●年長の仲のよい友だちと運動遊びを楽しみ、自由活動時には「仲間に入れて」と言って自分から参加していく。年長児からは好かれている。 ●1番が好きだったが、最近は、「グループが1番」も受け入れられるようになってきている。 ●以前は、色などにも本児特有の好みがあり、それでないと我慢できなかったが、譲れるものが出てきた。
注意が必要なところ	●気持ちが崩れると長引く。なるべく早めに援助できるよう、気持ちの崩れが予想できる場面では、保育者がそばにいるようにしている。 ●一斉での製作活動において、「できない」と思う気持ちが強く、自分で試してみる前に手伝ってもらおうとすることがよくある。
好きなこと・嫌いなこと	●構成遊びやおにごっこ、縄跳びなどが好き。気持ちが安定していれば、ルールも守れる。
保護者の気持ち	●本児の気持ちと成長のペースを大切にしたいという考えで、愛情深く子育てをしている。

事例H **ケイの個別の指導計画**

個別の指導計画　○○ケイ（4歳児・男）　令和○年1〜3月

担任　○○○○（令和○年12月下旬作成）

今年度の ねらい	●思い通りにいかないことがあったとき、出来事や自分の気持ちを保育者に伝えたり、保育者の言葉を理解して考え直したりできるようになる。 ●一斉活動に参加して楽しさを味わい、マナーやきまりの大切さを感じる。 ●思ったことを口に出すのを待てるようになったり、順番を守ったりすることができるようになる。
今学期の ねらい	●思い通りにいかないことがあったときは、保育者を仲介役にして相手に伝え、相手の話も聞いて考えようとする。 ●糸引きこまやすごろく、トランプといったゲームなど、好きな遊びを友だちと一緒に楽しみ、ルールを守って遊ぶ楽しさを感じる。 ●年中組としての締めくくりの活動に、学級のみんなと一緒に取り組む。年長組になる喜びや期待を感じて参加し、達成感や満足感を味わう。

項目	子どもの姿	ねらい	指導の手立て	評価
人との関わり・コミュニケーション	●自分の思い通りにいかないことがあると、相手をぶったり、一斉活動から抜けたりする。他児とトラブルになることも多く、気持ちを立て直すのも苦手。 ●すごろくを友だちと楽しむ姿が見られる。負けて泣くこともあり、保育者が「今度は勝てるかも」と伝えて寄り添うと、気分を変えられることもある。 ●友だちと一緒に遊んでいるときに、思い通りにならずトラブルになることがある。保育者や友だちに言葉で気持ちを伝えることはできるが、なかなか譲り合えず、自分の主張を通そうとする。	●友だちとの間で小さなもめごとが起きたときは、感情を落ち着かせ、気持ちや考えを相手に言ったり、相手の言うことを聞いたりする。 ●場所や道具、遊具等を分け合い、楽しく・気持ちよく遊べた際には、自分自身の成長を感じる。 ●感情が高ぶったときは、自分で落ち着ける場に行って、気持ちを落ち着かせる。	●言葉で気持ちを伝えられたことを認めた上で、両者の言い分（理由）を聞き出し、仲介役をする。本児が相手の言い分を知り、どうしたらよいか考えられるようにする。その際、解決策を2つ出して、本児が自分で選択できる方法を取り入れる。 ●道具・遊具の数が足りない場合は、譲り合って使ってほしいとあらかじめ伝える。 ●譲り合えたり順番を待てたりした場合は、具体的な行動を言葉で伝え、ほめる。帰りの会の話題としても取り上げて、進級を意識する気持ちに働きかけ、意識づけを行う。	●計画にはなかったが、感情が高ぶって爆発したとき用の、落ち着く場をつくったところ、自分から入るようになった。しばらくして様子を見に行くと、少しずつ落ち着いていく様子がある。タイミングを見計らって保育者が話を聞くと、いつもの状態に戻ることがたまに見られるようになった。

ココがポイント！

計画作成時に考えていなかったことでも、指導しながら考えた新たな手立てを書き加えて試してみるのはとてもよいことです。初めから完成品は必要ない、やりながら考える、という気持ちで進めましょう。

項目	子どもの姿	ねらい	指導の手立て	評価
一斉活動への参加	●3学期の活動に関する話を聞き、進級への期待感をもっているようである。 ●渡す相手を想定してプレゼントを作ることや、会の司会をすることなどに意欲をもっている。 ●受け身の活動や静的な活動が続くと、注意散漫になりがちである。	●みんなで一緒にする活動に関心をもち、意欲的に参加する。 ●少しずつ長く、注意を向け続けられるようになる。 ●新しい用具や材料に触れ、扱い方や性質を知り、親しむ。	●お別れ会への取り組みについて、ゆとりをもって伝えるようにする。 ●プレゼント作りで使い慣れない道具を扱う際は、安全な正しい使い方について、手本を見せながら説明し、理解を促す。正しく使えた場合は十分に認める。 ●プレゼントの内容は本児と相談し、考えや気持ちを引き出しながら決める。具体的なイメージをもてるように言葉だけでなく、絵でも示すようにする。丁寧に作ることの達成感を味わえるようにする。 ●保育者が話す場面では、「短く端的に」を意識し、話し方を工夫する。	●新しい用具や素材を扱うときに、話を聞き、集中していることをほめると、それは素直に受け止めることができた。 ●色へのこだわりは最近減ってきており、プレゼント作りでは、自分の好きな色ではなく、渡す相手の好きな色で作っていた。相手を思う気持ちが感じられ、成長を感じた。
	●集団で行うルールのある運動遊びを気に入り、誰かが始めると参加しようとする。	●ルールを守って遊ぶ楽しさを味わう。	●学級みんなで行う活動の中に運動遊びを取り入れ、ルールを確認したり、本児の意見や気持ちに応じて、必要があれば相談して、遊び方などを変更したりする。 ●保育者も遊びに参加して楽しい雰囲気になるように心がける。必要に応じて仲介役になり、本児がみんなで活動する楽しさを十分に味わえるようにする。	●ルールに厳しい傾向は残っているが、友だちと遊んでいる最中に、雰囲気を壊すほど厳しく言うことは少なくなっている。
保護者との連携	●家庭で思い通りにいかないときの対処法や生活時間に関する話を聞き、保育や幼児理解の中に活かす。保護者の思いに寄り添い、尊重する気持ちで話を聞き、就学に向けて話し合える関係を深めていく。 ●本児なりに育っていることを、言葉の面、感情のコントロールの面、と分けて伝える。 ●保護者が不安にならないように、就学を意識した園での取り組みについても共通理解が得られるように話す。			

事例 1 言葉の遅れが気になる子ども（5歳児）

年齢相応に言葉が発達していない子どもの事例です。

フミのフェイスシート

氏名	○○フミ（5歳児・女）
生年月日	令和○年2月○日
家庭の状況	●両親と本児の3人暮らし。 ●転居のため、保育園の3歳児学級へ年度途中で入園した。
健康の状況	特記事項なし。
発達の状況	●3歳児の年度末に、多動で落ち着きがないことや、友だちとの間にトラブルを起こしやすいことを理由に、保護者が地域の発達支援センターで相談した。支援が必要と判定されたが児童発達支援事業所等の利用はない。 ●園では言葉が出にくいことを心配している。
支援の状況	●学級の人数は、男女合計で24名。学級には本児のほかに、支援を必要とする子どもが数名在籍していることから、担任と1名の正規保育者（担2）、加えて非常勤講師（担3）が担当として配置されている。

ココがポイント！

5歳児で言葉が出にくいと、話せない子と判断しがちですが、コミュニケーション意欲があるかどうかも、子ども理解の視点となります。

フミの事前整理

困って（気になって）いること	●保育者が話をしている途中で発言し、「ああ…」など大きな声を出して話の腰を折ることがよくある。 ●話を聞いているように見えるが、行動に移すと指示とは違うことをして他児に指摘される。指摘されると、怒られているように感じるらしく、とても嫌がり、トラブルの元になりがち。 ●「○で始まる言葉探しゲーム」の中で、他児が答えると、「あ、そうか」という表情をするが、自分で答えることは少ない。 ●絵本や紙芝居の読み聞かせの場面では、集中できなくなり、みんなの気を引くように前に出てくる。毎回途中で中断せざるを得なくなり、他児も読み聞かせに集中し続けることが難しくなる。 ●4歳児の頃から気が合う他児（K）とふざけ合うようになったが、自分の思いと違うことが起こると言葉で修正したり歩み寄ったりできずに、けんかになることが増えた。Kに「大嫌い、もう遊ばないからね」と言われ、本児は言葉で返せず殴りかかってしまった。自分がしたことや気持ちを言葉で伝えるのが難しいため、保育者が聞き出して仲介している。
よいところ	●よく遊ぶ友だちと会えない日には年下の子どもと一緒に遊ぶ。そのときは、穏やかでやさしい様子が見られる。自分の弱さがあまり気にならない相手と関わっているときは、本児の弱さよりもよさのほうが際立つ。本来、本児には、他者と気持ちよく関わり、相手が喜ぶことをしたいという気持ちがあるように思う。
注意が必要なところ	●注意を向け続けられないといった姿の背景に、様々な体の動きの体験不足がありそうだ。 ●言葉の理解や使い方に弱さがあるので、友だちの言葉の理解を促すために仲介したり、言いたいことを想像して代弁したりする必要がある。
好きなこと・嫌いなこと	●気の合う友だちや年下の子どもと一緒に遊ぶことが好き。 ●歩いたり走ったりするのは、嫌いではないが得意というほどでもない。飛びおりたり、ぐるっと回るのは苦手なようだ。
保護者の気持ち	●友だちとのトラブルが減ることを望んでいるが、大きくなれば大丈夫だろうと思っている。 ●特別な指導は望んでおらず、療育などに関わる話を園がすると避ける。

事例I **フミの個別の指導計画**

個別の指導計画　○○フミ（5歳児・女）　令和○年2学期

担任　○○○○（令和○年8月作成）

今年度の ねらい	●社会生活における望ましい心情、習慣を身につける。 ●主体的に生活する中で、生活に必要なことを行おうとする。 ●学級全体で行う活動の目的を理解し、友だちと協力して取り組む。
今学期の ねらい	●自分の目的に向かって力を出すことの心地よさを感じ、十分に体を動かして遊ぶ。 ●みんなでする活動を楽しみながら、友だちや自分のよさに気づき、様々な友だちへの親しみを広げる。 ●気持ちや考えを友だちと話したり聞いたりしながら、自分の行動を調整することに気持ちが向くようになる。

項目	子どもの姿	ねらい	指導の手立て	評価
友だち関係	●気の合う友だちだけでなく、好きな遊びで様々な子どもと一緒に楽しそうに活動することが増えてきた（大型積み木を使ったおうちごっこなど）。	●様々な友だちと関わることを通して、友だちのよさに気づく。	●自由に活動する場で、様々な遊びができるよう、その日の遊びによって環境を調整する。その際、動線が重ならないよう安全に配慮する。 ●本児が遊びの中で経験したことや感じたことに関して、遊びに密着した言葉、気持ちを伝える言葉に親しめるようにする。	
言葉	●言葉でのやりとりが十分できないもどかしさがあるのか、暴力や暴言が出ることがある。	●相手に言いたいことが伝わるように話そうとする。 ●相手の言葉を理解しようとする。	●言いたいことを言えないときは、保育者に仲介を求められるように声をかけておく（「困ったら、先生を呼んでね」など）。トラブルの前兆を感じたら、注意して見守る。 ●日常的に誰にでも意味が伝わるように、主語・述語・助詞などを正しく使って話すように教える。保育者自身も心がける。	●困ったことがあると保育者に助けを求めるようになったので、「話せてえらかったね、ありがとう」と言うと、安心するような表情をすることが増えた。保育者もそのひと言を言うことで、心の余裕ができ、話し出すのを待てるようになった。

ココがポイント！

困っていることを伝えられたことだけでも、本児にとっては成長です。言葉につまずきがある子どもであれば、ジェスチャーで伝えたときにも、「教えてくれてありがとう」とほめてあげたいものです。

項目	子どもの姿	ねらい	指導の手立て	評価
運動遊び	●運動は嫌いではないが、日常的に経験している運動は限られている。	●短時間でも力いっぱい運動することを楽しむ。 ●自分がやってみたいと思ったことに、取り組む。 ●他児と比べて優劣を感じるよりも自分の成長に気づく。	●保育者も運動の楽しみに共感し、雰囲気づくりをする。 ●力いっぱい運動できたこと、楽しかったこと、感想などを活動後の集まりで話し合い、言葉で自分たちの行動を考えられるよう促す。 ●他児と比べたり競争をあおったりせず、「がんばっていてすごいね」と伝える。 ●あたかも自分一人でできた、と思える援助を工夫して行い、達成感を味わいながら挑戦意欲をもてるようにする。 ●短時間で満足感を味わえるよう、生活の予定や時間配分に配慮する。	●運動遊びのあと、「ああ、おもしろかった。汗かいちゃった」と、勝ち負けや上手下手だけでなく、運動することで爽快感を感じるようになった。 ●ジャングルジムを最上段までのぼれなかったが、「上にのぼると気持ちいいよ。一緒にのぼろうよ」と、友だちに誘われたのがきっかけで意欲的に取り組み、てっぺんまで行けるようになり、とても喜んでいた。その後、何度もその友だちと一緒にのぼって楽しむ姿が見られる。
運動会や学期末の学級全体の行事への取り組み	●行事があることを知ると、楽しみにしている。 ●年長児として行動する内容については、理解できていないこともある。 ●行事で何をしたいかという話し合いの場では、意見を言うことが多い。聞き取りにくいのだが、よくよく聞くと、実現可能かどうかにあまり頓着せず、おもしろそうなアイデアを出してくれることがある。	●楽しみつつ一生懸命取り組む気持ちをもつ。 ●がんばることの必要性を感じ、本児なりに全力を出す。 ●アイデアを他者に対してわかりやすく伝えようとする。	●期待感をもって話し合いに参加できるよう、昨年度の活動を思い出せるような環境を準備する。 ●目的や意識をもてるように話しかけ、自分なりの目的や楽しみを感じられるようにする。 ●小さながんばりを認め、がんばり続けようと思う気持ちを励ます。 ●運動会での動き方などは、図やイラストなど視覚的な情報も示して、理解しやすくする。 ●考えなどを言葉で表現しやすいよう、質問や問題の提示を工夫する（二者択一など）。 ●本児が「話してよかった」と思えるように、丁寧に聴く。	**ココがポイント！** 意欲的に活動するとき、子どもは伸びていきます。友だちのひと言は、本児の意欲を引き出しました。友だち関係を大切に育む理由がここにもあります。

事例 J 保育者を独占したがる子ども（5歳児）

友だちと進んで関わろうとしない子どもの事例です。

ココがポイント！

保護者にはわが子の成長や発達に正面から向き合い、子どものより幸せな生活のための道を探る心構えをする時間が必要です。その間の保護者の心の揺れも受け止め、寄り添いたいと思います。

リュウのフェイスシート

氏名	○○リュウ（5歳児・男）
生年月日	令和○年6月○日
家庭の状況	●両親と中学生の兄の4人家族。兄も両親も本児を大変かわいがっている。
健康の状況	良好
発達の状況	●兄のときと違う子育てに悩んでいた両親は、3歳時検診の際に医師に真剣に相談し、地方自治体の児童発達支援事業所を紹介された。親戚には反対されたが、本児が4歳児の4月から週に1回午後のサービスを利用している。
支援の状況	●4歳児の4月に入園。同学年は46名のうち本児を含め、2名の配慮を必要とする子どもが在籍している。2クラス編成で各1名の中堅保育者が担任、ほかに正規保育者1名（特別支援教育コーディネーター）、非常勤講師（勤務は正規と同じ）の保育者が担当として配置されている。 ●週日案の打ち合わせ、月ごとの話し合い、日々の朝会等で、配慮を必要とする子どもも話題にし、情報を共有している。 ●市から派遣される心理士が毎月訪問し、観察とカンファレンスをしている。専門の心理士に相談できるので、指導にブレをあまり感じず安心して子ども及び保護者と関わることができている。 ●本児についても、園の基本的な考え「一人ひとりの興味・関心を大切にする保育」に基づいた保育を心がける。

リュウの事前整理

困って（気になって）いること	●毎日１時間程の自由活動で、最初にごっこ遊びを担当保育者と一対一でしたがる。ごっこ遊びは、自分の好きなテーマ、同じ役割と決まっていて、遊びの場もいつも同じようにつくり、頑としてゆずらない。毎日単純な内容のくり返しで、担当以外に子どもが入るのを嫌がる。 ●友だちとの会話があまり得意でなく、一斉活動以外で子ども同士で遊ぶ姿はほとんどない。 ●困ったことがあると表情に出るので、保育者にはわかりやすいが他児には伝わらないので本人が困っている。
よいところ	●真面目なのにどこかユニークで、人から愛される性格である。 ●５歳児として期待される生活習慣や言葉、マナーや常識は身につけている。 ●一斉に活動する場面では、みんなと同じようにできる。あるいはしようとしている。
注意が必要なところ	●大きな音や避難訓練の音は嫌いで、とても興奮して泣く。 ●保護者と行ったことがある場所でも、園の散歩で行くと同じ場所だと思えないらしく、怖がって入れないことがある。
好きなこと・嫌いなこと	●本児は、大好きなシリーズ絵本の主人公たちの会話を全部暗記している。ほぼ毎日、自由な活動のときには、そのやり取りを担当とくり返して楽しんでいる。 ●大きな音がしたり、避難訓練の音は苦手である。運動会ではボリュームを下げるようにし、避難訓練のときには放送が入りにくい場所で担当と過ごすようにしている。
保護者の気持ち	●自分らしく成長し、人から愛され人を大切に思う社会人になってほしいと願っている。 ●自己中心的な性格だけは直さなければいけないという考えから、好きな遊びばかりさせないようにしてほしい、安易に要求に応じないようにしてほしいと言われた。この要望に応じていないことがあっても、子どもが喜んで登園しているため、園を信頼してくださっている。

事例J ## リュウの個別の指導計画

個別の指導計画　〇〇リュウ（5歳児・男）　令和〇年4～5月

担任　〇〇〇〇（令和〇年4月中旬作成）

項目		
今年度の ねらい	●言葉などでのコミュニケーションをとりながら、共有の目的に一緒に取り組み、達成感を味わう。 ●生活に見通しをもち、意欲的に遊びや生活に取り組みながら、友だちとの関わりを楽しむ。	
今学期の ねらい	●好きなごっこ遊びを友だちと一緒にして楽しむ。 ●いろいろな言葉遊び、伝統遊びの楽しさを味わう。	

項目	子どもの姿	ねらい	指導の手立て	評価
人間関係・自由活動時の遊び	●毎日1時間程の自由活動で、最初にごっこ遊びを担当と一対一でしたがる。ごっこは、自分の好きなテーマ、同じ役割と決まっていて、遊びの場もいつも同じようにつくって、頑としてゆずらない。毎日単純な内容のくり返しで、担当以外に子どもが入るのを嫌がる。	●同じ遊びでもバリエーションを受け入れることができるようになる。 ●対保育者でなく、子ども同士で遊ぶことを楽しむ。	●本児の安心できる遊びを保障しながら、様子を見て本児が困らない程度にやりとりに変化を加える。 ●他児が入りたがったときには、本児の気持ちを優先する。その際、他児の心情にも配慮しサポートをする。	●ほんの少し、いつもと違うことをするようにしたところ、拒否することが多かったが、徐々に「ま、しょうがないです。いいでしょ」と言って受け入れられるようになった。受け入れられる内容も徐々に広がっていった。 ●担当保育者が一緒にいれば、他児が入ってきても何とか対処できると思ったようで、決まった女児については、いつものごっこ遊びで受け入れるようになった。毎日遊ぶうちに、担当がいなくても、2人で遊べるようになった。さらに絵本にはないやりとりもして遊ぶようになった。

ココがポイント！

対子ども関係以外の社会的な面では、それなりに適応できるように成長していた本児への指導がポイントです。「友だちと遊べるように」と焦りがちな時期ですが、入園以来、個別の指導計画を元に指導を積み重ねてきた自信を保育者がもっていたので、焦ることなく、むしろ楽しみながら指導を工夫しています。

項目	子どもの姿	ねらい	指導の手立て	評価
一斉での言葉遊び	●しりとりなどの遊びでは、他児より気づくのが遅い傾向がある。	●語頭・語尾の音韻に関心をもつ。	●給食前、みんなが揃うまでのちょっとした時間などに、楽しく言葉遊びをできるようにする。 ●挙手した子どもを優先して指すと本児が答えられる機会が減るので、別の方法で本児も答える満足感を味わえるようにする。	●保護者から登降園の途中や買い物のときなどに、「看板などを見て『アリの"あ"だ』などと言うようになった。また、しつこいくらいにしりとりをしたがる」と聞いた。言葉への関心が増えたといえる。
伝統遊び	●糸引きごまはできるが、投げごまは関心をもっていない。 ●あやとりは簡単なものを覚えて楽しんでいる。 ●すごろくやかるた遊びは、友だちとルールを守って楽しんでいる。	●投げごまにも関心をもって取り組もうとする。 ●毎日少しずつできるようになる喜びを味わう。 ●友だちと一緒に遊ぶ楽しさを味わう。	●他児が保育者にコツを教わりながら投げごまに取り組む姿が、本児にも見えるようにする。 ●他児が、毎日少しずつ練習し続け、できるようになった喜びや達成感に共感を示し、本児の意欲に結びつくようにする。 ●すごろくやかるた遊びの楽しさを味わえるよう、グループに配慮して一斉活動でも取り入れる。	●徐々に関心が高まったようで、自分からやりたいと言ってきて、取り組むようになった。すぐにできるようにならないことを伝えながら励ましていったところ、投げるのはできるようになった。そして、自分から「ひもを巻いて」と要求できるようになり、コツコツ取り組んだ。2月はじめにできるようになり、うれしそうだった。 ●すごろくやかるた遊びを、他児と一緒に楽しんでいる。
就学に向けた活動	●就学の意識は高い一方、不安もあるように見える。	●就学に向かって、様々な活動に意欲的に取り組む。	●昨年度の年長児の活動を、ビデオや写真で見る機会をつくり、理解できるようにする。	●視覚的な提示が効果的だったようで、意欲的に取り組めた。 ●もともと集中できるよさがあるので、活動にじっくり取り組んだり、話を聞く時間も集中し続けられた。
保護者との連携	●友だちとの遊びの様子を話したところ、とても喜んでくださった。 ●言葉への関心が高まったと感じ、就学を控えて安心した様子である。			

子どもの側に立って考える

子どもの気持ちになって環境を工夫したところ、
子どもの姿、クラスの雰囲気が変わった事例です。

　3歳児クラスの担任、トモ先生は、4月に新入したシュンへの対応に悩んでいました。入園から約1か月たった4月終わりの記録には、次のようなメモが残っています。

> 　自由に活動する時間、シュンは、みんなが楽しんでいる様子には目もくれず、保育室入口のドアを開け閉めしては「ドアが閉まります。お荷物をお引きください」「ドアが開きます。ご注意ください」と駅のアナウンスを言う遊びをくり返す。危険なのでやめるように注意してもやめない。何度も注意するうちに、ほかの子どもたちが私の声に反応してビクッとするようになった。クラスの雰囲気が悪くなっているようだ。シュンは私の目を盗んでドアの遊びをくり返す。つい、私の声が厳しくなっているのもイヤ。

　トモ先生は、シュンもほかの子どもも、安心して遊べるようにしたいと考え、ほかの保育者とも相談しました。その中で、「シュンがドアの開け閉めを楽しめるおもちゃがあればよいのでは?」という提案を受け、段ボールで、ドアのおもちゃを作りました。

　シュンはこのドアで遊ぶようになり、トモ先生が注意することもなくなり、クラスの雰囲気も和やかになりました。しばらくするとシュンは、そのドアにひもを張りつけて電車に見立てて遊ぶように。そして、ほかの子がミニカーや電車を動かして遊んでいるコースに、ドアの電車を走らせて遊ぶようになりました。ドアの開閉遊びから電車を動かす遊びに変わっていったのです。

　さらに、ほかの子に「同じ場で遊ぶ友だち」という気持ちが芽生えて仲よしになり、クラスの雰囲気もよくなり、みんなが安心して遊べるようになりました。シュンとトモ先生にも信頼関係が生まれました。

このエピソードで素敵なところ ･～･～･～･～･～･～･～･～･～･～･～･～･

- 「ドアの開閉をやめさせたい」と考えていたトモ先生がシュンの気持ちになって、危険なくシュンがやりたい遊びができる工夫をした。
- シュンのための環境から、クラスの雰囲気もよくなり、主体的な遊びを通じて子ども同士が関わるようになった。

一人ひとりが遊びを楽しめると、友だち関係、保育者との信頼関係が生まれるのですね。

第 4 章

様々な
個別の指導計画
実例

個別の指導計画の様式にきまりはありません。
本章では、様々な園や保育者の個別の指導計画を
紹介します。自園の保育スタイルや、
対象の子どもに合う仕様の個別の指導計画作成の
参考にしてみましょう。

園には週3日登園する子ども（3歳児）

児童発達支援事業所に通所で、園には週3日の登園のため、
短期の指導計画とした事例です。

氏名	○○○○（3歳児・女）	生年月日	令和○年12月○日
家族構成	父：日本人。本児と真摯に向き合う様子が見られるが、園や児童発達支援事業所、相談員との間で意見が異なることがある。話した内容と異なる解釈をしてしまうことが多い。 母：外国籍。日本語は全く読めず、少し話すことはできるが、簡単な言葉のみのため、コミュニケーションをとることが難しい。翻訳機を用いて話すと少し通じる。 兄：小学1年生		
入園日	令和○年4月1日（2年保育）	クラス	○○組 （男児：10名、女児：7名）

入園前の様子

●親子通園施設に通っていたが、母子分離をすすめられ、児童発達支援事業所に通所。よい子に過ごしていると聞き、母親は家庭での姿とのギャップにショックを受けている。

〈保護者の思い、願い〉

●父は、できるところまで普通のクラスに通わせたい。会話ができるようになってほしい。

●母は、児童発達支援事業所に通うことで、まわりの子どもたちの悪いところをまねしてしまうと心配している。

〈健康面〉

●心臓に疾患があり、今後手術をする予定。

●好き嫌い　好き：果物、嫌い：野菜

〈運動・手先〉

●高い所が好きで、高い所から、よく飛びおりる。

●体の動かし方には問題は見られない。

〈生活〉

●衣類の着脱や排泄など、自分で行うことができる（ボタンやファスナーなども含む）。

〈社会性・情緒面など〉

●「おはよう」「いってらっしゃい」などの言葉が出ていたが、出なくなってしまった。

●奇声をあげる、押す、たたくなど突発的な行動をすることがある。ただし、おもちゃを取られたなど本児なりの理由がある。

●砂、石、ごみなどを食べてしまう。ごみ箱の中のものは食べない。

〈指導の方向性〉

●視覚優位であるため、絵カードなどを用いる。

●児童発達支援事業所との連携を行い、本児の様子を共有する。

○○組　氏名　○○○○　指導計画（週）	
令和○年9月○日（月）〜9月○日（金）	

前週の幼児の実態、指導の反省

●6月ごろに比べ、後退しているように感じる。●園生活への拒否反応が強く、集団生活が難しい。

◎週のねらい　○内容

◎友だちと一緒に参加する楽しさを味わう。本児なりに絵画活動に取り組む。

○本児のタイミングを待ち、無理強いせず参加する、自分の好きな絵を座って描く。

週の流れ

○日（月） 運動会練習	かけっこの練習は、順番が決まっているが、本児の気持ちがのったタイミングでもよいので、みんなと一緒に参加する。
実態・反省	●競技やかけっこは好きなようで、自分の順番を待ち参加することができる。 ●本番まで無理強いはせず、参加できた成功体験を積んでいく。
○日（火） 自分の顔をクレヨンで描く	●顔を描くと、点や丸などの表現が多い。 ●本児が描きたいと思うものを、友だちと一緒に座って描く。
実態・反省	●汽車を描いてほしいとS保育者に頼むだけで、自分では描く気がない。 ●描くように促しすぎたのか、段ボールの家で遊び始めてしまう。
○日（水） 自分の顔を絵の具で描く	●絵の具は好きであるため、本児の思うままに楽しんで取り組む。 ●色混ぜを楽しめるように援助をする。
実態・反省	●周囲を見て、顔を描かないと絵の具ができないと感じたのか、赤色で顔を描いてから絵の具を塗り始める。その後は色混ぜを楽しんでいた。
○日（木）	登園なし（児童発達支援事業所に通所）
実態・反省	
○日（金）	登園なし（児童発達支援事業所に通所）
実態・反省	
保護者・児童発達支援事業所との連携	●本児との関わりに難しさを感じることが増えたため、児童発達支援事業所の先生に電話にて相談を行う。

ここがいい！ 家族状況が詳しく記入されているので、指導上の参考になっています。また、この計画を共有することで園内での共通理解にもつながりますね。個別記録に近いものでもフェイスシートを作成しており、振り返りに使える点もポイントです。

転居のため４月に入園した子ども（５歳児）

個別の指導計画は、クラス全体の指導計画の中で考えるほうが実践的だと考え、月ごとに作成した事例です。

入園時の実態・クラスの実態・保育者の願い

- くつの始末はせず、くつ箱周辺にある登園チェックのタブレットの画面を触ろうとしてなかなかその場から離れない。保護者も保育者も困っている。
- 自閉スペクトラム症との診断があり、週に１回、半日だけ児童発達支援事業所を利用している。
- 男児17名、女児３名の計20名。加配措置があり、担当がついている。月に１回、巡回心理士による観察・助言がある。
- 保護者は、就学先は特別支援学校にするかもしれないが、幼児期は健常児たちと過ごさせたいと考えている。

○年度　４月分　月間指導計画		5歳児○○組

氏名 ○○○○（５歳児・男）	生年月日 令和○年７月○日	担任 ○○○○	園長印

ねらい	●園生活の仕方に慣れ、身の回りのことをしようとする。 ●保育者に親しみをもち、安心して過ごせるようになる。

保護者の意向

- 基本的には好きなことを伸ばしてできることを増やしてほしいと思っている。
- 一斉活動で製作するような場合は、とりあえず誘ってみてほしい。
- 毎朝、くつの履き替えで時間がかかるので困っている。

他機関との連携

（保護者）療育手帳が届き次第、療育を行いたい。５月から開始の予定。

園での援助内容・配慮点

- 見通しがもてるように、イラストや写真で身支度の順序や仕方をあらかじめ伝える。
- 音に敏感なようなので、保育者は声を小さくし、リズム活動はしばらく控える。
- 散歩のときは担任が手をつなぎ、先頭を歩く。立ち止まってしまっても動き出すのを静かに待ち、困った表情はしないようにする。同じペースで歩けるような手のつなぎ方、声かけなどを見つけられるようにする。
- くつの履き替えをスムーズにできるよう、本児がくつを履き替えるまではタブレットを白い布で覆う。さらに、保育室での遊びを思い出せるように、本児が好きな遊具の写真を見せる。
- 行動を促したり注意したりするときに、名前を大きな声で呼ばない。
- 少しのことでもほめるようにする。このことはほかの保育者にも周知し、協力してもらう。

反省及び評価・課題

- くつの履き替えの際は、刺激を減らし、次の活動に意欲をもたせることでスムーズになり、気持ちよく園生活を始められるようになった。その工夫について保護者からよい評価をいただき、保護者と園の関係の見通しもよくなったように思う。
- 朝の身支度はイラストを見せることで、身につき始めている。
- 注意をしなければならないときは、命令口調を避けて小さな声で端的に伝えるようにし、ほめるときは、うれしく明るい感情が伝わるように心がけたところ、保育者自身も落ち着けるようになった。

※ここでは、5月と6月の計画を省略し、7月の指導計画を紹介します。

6月末の幼児の実態・クラスの実態・保育者の願い

- みんなと一緒にうたう活動は好きなようだ。ニコッとしながら体をリズミカルに動かし、覚えている部分だけうたっている。ピアノに興味があるのか、保育者がピアノを弾くと離席してピアノをさわりそうになる。担任は戻るようにと言葉で促す。友だちの机まわりを歩くときは、担当がさりげなく本児の動きを遮り、席に戻るよう促している。
- くつの履き替えがスムーズになり、身支度もずいぶんと身についてきたが、脱いだ服をたたむことができない。自分でやるように促すと時間がかかるため、注意の言葉をかけがちになっている。
- 今月は、正しい姿勢で5分間くらいは座れるように、また、脱いだ服をたたんで自分で片づけられるようになってほしい。

○年度 7月分 月間指導計画		5歳児○○組	
氏名 ○○○○（5歳児・男）	生年月日 令和○年7月○日	担任 ○○○○	園長印

ねらい	●正しい姿勢で5分程度、座り続けられるようになる。 ●みんなと一緒の生活を楽しみながら順番を待ったり、一緒に活動したりして様々な活動に親しむ。

保護者の意向

- 親子活動に参加して、本児が活動中に座っていたことを喜んでいる。

他機関との連携

- 療育が始まり、9月に見学したいので日程を調整する。

園での援助内容・配慮点

- 座面にガイド枠をつけたいすにいつでも座れるように、本児の動きに合わせてそっと移動する。
- いすが曲がっていたらいすの向きを直し、姿勢よくまっすぐ机を向いて座れるようにする。上手に座っているときに、クラス全員の前でほめ、本児を見て話す。
- 足乗せ台に興味をもった他児に理由を話したところ、使いたいという子がいたため、多めに作って必要なときは自由に使えるようにする。
- 行動を促したり注意したりするときに、名前を大きな声で呼ばないことを続けていく。同時に、ほかの保育者にも実行してもらえるよう園長からも協力を依頼する。

反省及び評価・課題

- 本児の座る姿勢が以前よりよくなっている。しかし、食事中には体がグニャッと曲がってしまう。そのようなときは隣にいる加配の保育者が、その都度、体に手を添えて姿勢を直している。
- 導入当初は、足乗せ台を蹴飛ばすため効果はないと思っていたが、いすに正しい姿勢で座れるようになり、足乗せ台の必要性がわかった。いすの座面につけたガイド枠の中にお尻が落ち着き、よい姿勢で座るのに効果があったので来月も続けたい。
- 他児も足乗せ台を取りにいくことがあるのを知っていて、昼食の準備のときなどは、一目散に取りにいき、いすに座る姿が頻繁に見られるようになった。同じものを使っている仲間という気持ちが芽生えているのだろうか。
- 食育の活動、水遊び、楽器遊びなど様々な活動をみんなと一緒にすることができ、楽しんでいる。また、友だちも本児の行動をやさしく温かい目で見ていると感じる。
- 服をたたむことはできず、毎回注意しなければならないが、朝の身支度はイラストを見なくてもできるようになった。
- 注意や促しを小さな声でするようになり、保育者自身が落ち着けるようになった。

ここがいい！ よい姿勢で座れるようになるための工夫と評価が、整理して書かれています。

4

様々な個別の指導計画実例

発達のアンバランスさが気になる子ども（5歳児）

児童発達支援事業所が月ごとのねらいのため、
それに合わせて園でも月ごとの計画とした事例です。

氏名	○○○○	支援の状況
生年月日	令和○年10月○日（5歳児・男）	●療育手帳を取得したことから、担任＋正規1名の加配（副担任、と示す）がついている（今後、担任でも副担任でもよい場合は担当、と記す）。
家庭の状況	●共働きの父・母と本児の3人家族。	●情緒の安定した幼児の学級（18人在籍）で過ごしている。
健康の状況	特記事項なし。	●担任は昨年度からもち上がりで、副担任もこの学年が3歳児のときの担任。2人とも子どもたちとの関係は大変よい。また、担任と副担任の関係も良好で、情報を共有・理解し合いながらよりよい保育を目指し工夫している。
発達の状況	●今年度の4月から療育を開始した。	●保護者の要望や児童発達支援事業所での指導内容について記入できる独自の書式の個別の月案を作成し、指導に活かしている。

事前整理（4月）	
困って（気になる）いること	●散歩中、気になるものを見つけると立ち止まってしまいなかなか動きださない。保育者は黙って見守り、他児には待ってもらっている。保育者は本児が動きだしそうな気配を感じたときに出発するよう促している。現時点ではそれほど困ってはいないが、いつまで他児が待ってくれるか気になっている。 ●一斉の活動では、みんなと同じように参加することは難しいため、副担任がそばで手伝っている。 ●大声を出すなど他児の集中を切らすような行動はしないが、離席したりいすに座れなかったりする。 ●園に親しみを感じて好きになってほしいと思っているが、どうすればよいのかわからない。 ●衣服をたたまずそのまま袋に入れている。
よいところ	●大人の言葉は理解できる。また、自発的な発語は少ないものの、一・二語文は聞き取りやすく理解できる言葉を話す。ただし、友だちとのコミュケーションが難しい。 ●トイレの自立や手洗い、うがい、衣服の着脱など身の回りのことは自分でできる。 ●穏やかな表情でおっとりしており、動きもゆっくりで他児に対しての問題行動はない。
注意が必要なところ	●音に敏感に反応する。 ●散歩のときに立ち止まってしまう。 ●午睡時に入眠できない。
好きなこと、嫌いなこと	●保育室内に気に入っている場所がある。
保護者の気持ち	●製作などの一斉活動は、本児がやらなくても問題ないが、とりあえず誘ってもらいたい。 ●夜、寝かしつけていてもなかなか眠れず、保護者のほうが先に寝てしまう。今までも午睡は寝ても30分弱だったため、午睡は無理にさせないでほしい。

○年度　4月　月間指導計画　　5歳児○○組

氏名 ○○○○	生年月日 令和○年 10月○日	学級のねらい ●新しい環境や生活に慣れ、新しい教材や遊具に積極的に関わり、気持ちよく過ごす。	担任 ○○○○	園長印

今月はじめの実態 前頁の事前整理（4月）を参照	本児のねらい ●保育者に親しみをもつようになり、園生活の仕方を知り、身のまわりのことを自分でできるようになる。 ●学級の雰囲気に慣れ、喜んで登園する。	保護者の願い ●製作などの一斉活動は、本児がやらなくても問題ないが、とりあえず誘ってもらいたい。 ●午睡は無理にさせないでほしい。

手立て・指導上の留意点・配慮点

●興味・関心をもつものが少ないようだが、電車は大好きだと保護者から聞いた。そこで、工作用紙を使って電車をいくつか作った。自由に活動する場面や、一斉活動に参加できないときは、それで遊べるようにして気持ちの安定を図る。

●本児との関係を築くために、担任が手をつないで先頭を歩く。途中で本児が立ち止まって、落ちている葉っぱなどを拾ってにおいをかぐ場合は、衛生面に配慮するとともに、他児がその行動に注目しないように、保育者が体の向きや位置を調整する。

●学級の子どもたちに悪いイメージを植えつけないように、本児が気になる行動をしたときでも、行動を制止するために大きな声で名前を呼ぶ、大げさに止めさせるということはしない。

●主活動の内容について担任がわかりやすい言葉で全員に伝えたあと、副担任も同じ言葉を小さな声で本児の耳元でくり返し、理解できるようにする。

●一斉の活動に参加できない際、無理強いして安心感をなくすようなことを避ける。担任が手伝い、本児がやりやすいように少しだけ手を添えるなどの配慮的な支援を行う。

●座っていられないときは、副担任がいすに戻るように促し、まっすぐ座っていられるように体を寄せて支える。

●音に敏感な様子が見られるため、曲を流すときは音量を下げる。また、普段の子どもとの会話や一斉の指示も、声の音量に注意する。

●午睡は促すが、寝ない場合は部屋の端にスペースを取り、好きな遊具で静かに遊べるようにする。

関係諸機関との連携内容

●始まったばかりのため、児童発達支援事業所でしていることを知ってほしいとのこと。

●本児が利用を始めた児童発達支援事業所から連絡があり、5月○日9時半に訪問が決まった。観察後、情報交換もできそうなので、資料と質問を準備することになった。

指導・援助の評価

●以前も大きな声を出さないように心がけてきたつもりだが、改めて意識したことにより、ほかの保育者からも「静かになって気持ちがよい」と言われた。保育者自身も気持ちが落ち着く気がする。本児の情緒の安定にどのくらい影響があるのかわからないが、続けてみようと思う。

●手作りの電車は大変気に入っている。朝は、ひとしきり電車で遊ぶと、ほかの遊びに興味を示すことがある。また、一斉活動に参加できないときも、落ち着いていられるのでよかったと思う。

●散歩の際の立ち止まりは続いている。他児は本児の行動により行き帰りに時間がかかると理解しているが、保育者が思うほど不満や疑問は感じていないようだ。もう少しこの配慮を続けて様子を見ていきたい。

●着替えの際、衣類の前後を間違えて着ていたときに「反対だよ」と担当が言うと、すぐに自分で前後を変えて着ることができた。また、前後の印や絵がない衣類は、担当もわかりにくいことがあるため、保護者に実態を伝えて、衣服に前と後ろがわかるように印をつけていただけるようお願いした。すぐに印をつけてもらえたため、担当にも正しい向きがわかりやすくなり、声かけもすぐにできるようになった。着替えがスムーズになった。

●午睡をしないため夕方に眠くなってしまい、1時間ほど眠ってしまうことがあった。お迎えに支障があるため、どの程度夕方に眠らせていてよいのかを保護者に相談してみた。かかりつけの医師（主治医）に相談するということになったため、結果を待っている。

※ここでは、５月と６月の計画を省略して、途中経過の姿を紹介します。

事前整理（６月末）	
困って（気になる）いること	●歌をうたうとき、離席してみんなの間を歩き回るようになった。うれしそうにも見えるので、そのままにしてやりたい気もする。しかし、ほかの子どもが気にし始めていることや、その場で注意することが難しくて困っている。 ●食べることが大好きで、偏食はない。おかわりを何度もするのはよいのだが、よくかんでいるようには見えない。よくかむようにしたいと話しているが、手立てに悩んでいる。 ●一斉の活動にみんなと同じように参加することは難しいため、副担任がそばで援助している。
よいところ	●穏やかな表情でおっとりしており、動きもゆっくりで他児に対しての問題行動はない。 ●園生活になじんできて、他児も特に「何かしてあげなくてはならない子」という意識はもっていない。他児が本児にそっと手を添えて「ここだよ」と教える姿も見られる。おとなしく素直に従うことができる本児の性格も影響しているのか、このような関係を好ましく思っているような子どもが多い。
注意が必要なところ	●夕方の時間に注意する。寝てしまった場合は、10〜30分程度で起こす。 ●正しい姿勢で座ることが難しいため、ガードや足台を用意する。
好きなこと、嫌いなこと	●歌をうたうときに耳を塞ぐ姿は見られないため、歌が好きなのかもしれない。鍵盤ハーモニカを気に入ったようで、「やりたい」と要求することがある。
保護者の気持ち	●療育の開始、保育園の転園と新しい経験が増えているが、本児が喜んで園に通っている上、家庭でも穏やかに生活できてうれしく思っている。 ●保育参観で活動中に座って話を聞いていられる姿を見て、とてもうれしく思っている。 ●午睡は無理にさせず、夕寝をするときは10〜30分で起こしてほしい。

ここがいい！

保護者の要望で、関係機関との連絡事項の欄が広く必要と考え、独自の書式に修正を加え、関連諸機関との連携欄を広くしました。こんな小さな修正の工夫も使いやすい書式の工夫で素敵です。

○年度　7月　月間指導計画			5歳児○○組	

氏名 ○○○○	生年月日 令和○年 10月○日	学級のねらい ●プール遊びや色水遊びなど、夏ならではの遊びに親しみ、楽しむ。 ●縁日ごっこの活動で、グループの友だちと売るものや店構えなどを話し合いながら作ったり、役割を交代したり、お客さん（4歳児や大人）とのやり取りをして、楽しさを味わう。 ●栽培している野菜の生長を期待して世話をし、収穫の喜びを味わう。	担任 ○○○○	園長印
今月はじめの実態 前頁の事前整理（6月末）を参照		**本児のねらい** ●プール遊びや色水遊びなど、夏ならではの遊びに親しみ、楽しむ。 ●グループの友だちと一緒の場で、縁日ごっこの品物を作ったり並べたり売り買いする楽しさを感じる。	**保護者の願い** ●午睡は無理にさせず、夕寝をするときは10〜30分で起こしてほしい。	

手立て・指導上の留意点・配慮点

●水遊びでは、安全に動ける十分な動線・広さ・遊具・日よけなどを確保し、開放感を味わったり、水の感触を楽しんだりできるようにする。

●野菜の生長や変化に気づけるように、写真と子どもの一言感想を記入したカードをいつでも見られるように掲示する。関心をもったときには、担当と一緒に見ながら話をする。

●食育の一貫で栄養士や調理スタッフから野菜の調理に関する話を聞いたり、指導のもとで調理を行い、食育に関心をもてるようにする。

●縁日ごっこのお店の内容や、売るものについて、子どもたちに投げかけるにあたり、写真やイラストで事前に掲示して、イメージしやすい環境づくりを心がける。子どもたちが自分自身の体験を話し、興味・関心を深められるようにする。事前に保護者から縁日に関する体験を聞いておき、本児が自分の体験を思い出せるように質問をし、みんなの前で話す喜びを感じられるようにする。

●縁日ごっこで作るものについてはグループごとに話を聞き、子どもに作ってもらった完成品を本児に見せ、基本的な手順に添って活動できるようにする。色合いなどが一人ひとり違う作品になるので、それを大いに認める言葉かけをする。

●午睡ができない場合は保育室の端に仕切りを設けたスペースをつくり、好きな遊具で静かに遊んでいられるようにする。夕方の睡眠は短時間にし、好きなものをそばに置いて手に取れるように配慮する。

●衣服をたたむためのガイドは、試したら大きさが合っていないことに気づいて、サイズを一まわり大きくした。

関係諸機関との連携内容

●本児が通っている児童発達支援事業所の担当者に、衣服をたためるように、厚紙でガイドを作ることを紹介されたので試すことにした。

指導・援助の評価

●水遊びはとても好きで、自分なりに遊具を使い、一人でよく遊んでいる。他児は競い合いながら的当て遊びをしているが、水鉄砲への関心はまだ見られない。水車の回り方に関心があるようだ。

●水着への着替えは、言葉と動きでくり返しわかるように援助したが、家でも練習してくれたこともあって、上手にできるようになった。

●縁日ごっこの品物作りに関心を示し、興味のあるグループに入って売り物作りに取り組んでいた。作る際には副担任が環境を整え、「次はこれをつけようね」と声かけをしたところ、楽しそうに3つも作ることができた。のりの感触や指に絵具がつくことを嫌がる様子はなかった。はさみを正しく扱うことは難しいため、担当が部分的に支援した。できた作品をグループの子ども同士で見る際には、他児が「いいね！」「この色がきれい」などと言い合っているのを聞いているのか、うれしそうだった。

●事業所の担当者に勧められて、衣服をたためるようになるために作った最初のガイドは、効果がなかった。サイズを大きくしたところ、簡単にしかも上手にたためるようになり、ほめられて本児もうれしそうだ。

●野菜を本物の包丁で切る（食育の一環）活動では、最後のほうの順番になってしまったが、みんながやるところをじっと見続けることができた。自分の番になると緊張した表情でまな板の前に行き、丁寧に切ることができた。席に戻るときは、ほほを赤くして緊張とできた満足感を感じているようだった。給食時、切った野菜を見て、「ぼくが切ったきゅうりだ」などと言って喜んでいた。

こだわりが強い子ども（３歳児）

１学期と２学期の連続した個別の指導計画の事例です。
１学期末の子どもの姿を次の２学期の計画にどう生かすかの参考に。

氏名	○○○○	支援の状況	
生年月日	令和○年２月○日（３歳児・男）	●担任とフリーの保育者２名で、12名のクラスを担任している。主たる保育者は担任で、前年度の３月までは年中児クラス担任だった。	
家庭の状況	●両親と本児の3人家族	●対象児に関わる保育者が各自、気になった行動などの記録メモを持ち寄って定期的に話し合っている。そこでの意見や考えをもとに担任が個別の指導計画を作成し、園内で共有している。	
健康の状況	●良好		
発達の状況	●小児科かかりつけ医師からの勧めで児童精神科を受診し、療育手帳が交付されることになった。わが子に合った児童発達支援事業所を利用できるように、資料収集と見学を行っている。	●極端な偏食。家庭でも白いご飯とふりかけしか食べられないので、保護者から毎日預かる白飯とふりかけを温めて出している。ごはんが冷めると食べられなくなるので、一緒に電子レンジで温めにいくが、電子レンジの前までは連れていかず廊下で待たせている。チンという音を聞くと喜ぶ。	

事前整理（４月）	
困って（気になって）いること	●トイレに行きたがらず、まだ排泄の自立ができていない。 ●食事には特にこだわりがあり、個別の配慮と支援を必要としている。 ●衣服は自分で着ようとするので、少しだけ手伝って自力でできた達成感を味わえるようにしている。くつやくつ下は自分で履こうとせず、大人にやってもらおうとする。 ●一人で遊ぶことが多く、自由に活動する場面では、興味・関心が電車以外のものに向きにくい。 ●大人とは簡単な会話をできるが、他児との会話はほとんどない。「いや」「だめ」などの拒否的な気持ちを行動で表現しており、他児の仲介を保育者がしている。
よいところ	●昨年度、工作の得意な保育者が作った電車があるが、今年度は本児以外これを必要とする子どもがいないので、クラスの保育室に置いて使えるようにしている。本児は多くの時間、これを使って遊んでいる。 ●場面の切り替え時は、担任の声かけや指示に従うことができる。 ●一斉活動時の表現活動や運動遊びは、嫌がらずに自分なりに参加する。 ●友だちへの他害もなく、見た目も小柄でかわいらしいためかクラスのほかの子どもたちからは受け入れられている。
注意が必要なところ	●昼寝はしないことがほとんどなので、昼寝の時間は保育室の隅で過ごしており、安全に注意が必要である。 ●たまに昼寝時間が終わるころに眠ってしまうことがあり、そのときは寝起きの機嫌が悪く長引くので、対応に苦慮している。
好きなこと、嫌いなこと	●電車が好きで路線名もよく知っているほか、散歩や公園で遊ぶことも好きである。 ●音には選り好みがあるようで、時々耳を両手で塞ぐ。
保護者の気持ち	●自分たちの育て方に問題があるのかと悩みながら子育てしてきたが、特別な配慮が必要な子どもだとわかり、どこかほっとした。これまで同様に愛情を注いで楽しく子育てをし、この子らしく育っていってほしい。 ●児童発達支援事業所と園とで連携してわが子の育ちを支えてほしいので、連絡の橋渡しをしたいと思っている。

個別の指導計画　○○○○（3歳児・男児）　令和○年1学期

担任　○○○○（令和○年4月初旬作成）

今年度のねらい	●園で安心して過ごしながら保育者やクラスの友だちに親しみ、様々な遊びの楽しさを味わう。 ●みんなと一緒に食べることを楽しみ、様々な食材や料理に親しみをもつ。 ●排泄が自立する。
今学期のねらい	●保育者や新しい環境に慣れて安心して過ごし、生活の仕方や簡単なきまりがわかる。 ●好きな遊びやみんなと一緒にする活動に自分なりに参加し、楽しさを味わう。 ●自分で衣服やくつを着たり履いたり、友だちと同じ机で食べたり、トイレを怖がらなくなったりする。

	子どもの姿	ねらい	手立て・配慮	評価
生活・遊び	●電車があれば、ご機嫌で過ごすことができる。電車はたくさんあるせいか、他児が使っていても気にならない様子である。 ●マイペースで生活する様子があるが、保育者が片づけを促すと、一緒に片づけられることがある。	●電車を介して、同じような動きをしている子どもとの関わりを楽しむ。 ●片づけをすると新しい活動に移ることがわかる。 ●使っていた電車などは、自分用のバスケットに入れる。	●電車遊びが十分楽しめるよう、遊びの場を確保するよう配慮する。 ●同じような動きをしている子どもの名前を言って、ほかの子どもや名前に注意を向けられるようにする。 ●楽しく遊んでいる気持ちに共感しながら、バスケットに片づけるよう促す。 ●次の活動に関する写真や絵を見せて、次の活動に期待をもてるようにする。 ●片づけができたことをほめたり、整理整頓した環境の気持ちよさを言葉で表現し共感したりして、達成感を得られるようにする。	●他児が同じような遊びをしていることを受け入れているように見える。 ●ほかの子どもが少し前にしていた遊びを、本児もしているように見えることがときどきある。 ●同じ遊びをしている他児が保育者に遊びを認められていると、自分も認められたと感じるのか笑顔になり、遊び込むことが多い。 ●みんなと同じ場所に片づけられないので、自分用のバスケットに入れれば片づけたことにしてみた。徐々に、ほかの子どもが片づけ終わる頃になると、自分の使っていたものはバスケットに入れるようになりつつある。 ●片づけ終わったときにすぐにその場から離れようとするが、ちょっと引き留めて「電車、きれいに並べたね」とほめると、ニコッとする。この笑顔が見たくて、この声かけをすることが多かったと思う。

> この姿は、本児がほかの子どもに関心をもち始めているという点で大変重要です。この姿を見落とさなかったのは、今年度のねらいに、「様々な遊びの楽しさを味わう」と掲げていたからでしょう。

※96ページに続きます。

	子どもの姿	ねらい	手立て・配慮	評価
生活・遊び	●くつやくつ下を自分で履こうとしない。 ●「トイレに行く?」と誘うと「トイレ行く?」と言ったり、「トイレ、怖い」と言ったりする。	●自分でくつやくつ下を履けるようになる。	●履くときの姿勢が安定するように支えたりコツを言ったりしながら手助けし、できるように促す。	●もう少しでくつを履けそうになっている。くつ下は難しそうだ。手指の先に力が入っていないのかもしれない。
食事	●昼食には家から持参している白米とふりかけ、おやつも持参している。 ●他児と同じ机で食べると、食が進まない。	●お迎えまで体力が保てる食事量を食べ、機嫌よく過ごす。 ●気を散らさず、集中して食べられるようになる。	●食事前は保育者が温めたごはん茶碗を机に置いてやり、食事中ごはんが冷めたときは一緒に温めに行き、廊下で電子レンジの終了音だけ聞かせるようにする。 ●保育者がほかの子どもを見ながら本児にも対応できる位置、かつ本児は別の机で壁に向かって食べられるように、全体の机と本児用の机を配置する。	●7月、机の向きを壁向きでなく、みんなが見える向きにしても集中して食べられるようになった。 ●8月、他児と一緒に同じように机に座って食べるようになった。
クラス全体で行う活動	●運動遊びや製作活動に関心をもつと、やろうとする。保育者の話も聞くことができる。 ●散歩は大好きなので、一緒に歩くことができる。	●様々な体の動きを体験して、運動遊びを楽しむ。 ●固定遊具で遊んだり、走ったりすることを喜ぶ。 ●手指を使って描いたり作ったりする楽しさや満足感を味わう。 ●絵本の読み聞かせや歌をうたうことなどを楽しむ。	●室内で行う運動遊びはどの子どもも参加したくなったら入れるように、フリーの保育者と協力して自然にその遊びに参加でき、安全に楽しめるような展開を工夫する。 ●簡単にできて見栄えがよい製作活動を精選する。 ●よい絵本やゆったりした歌、親しみのある言葉の歌詞の歌を選ぶ。	●他児が楽しそうに活動している様子に気づいて、関心をもって参加し始めることが多かった。どの子にもよいと思う。 ●歌は好きなようで、機嫌がよいときは遊びながらハミングしたり、ところどころ覚えている歌詞をうたったりすることがある。

このように、指導を振り返る中で、子どもが何に困っているかを考えるヒントが見つかります。
行動を細かく観察して、子どもが困っていることの背景を探りたいですね。

この方法は「スモールステップを踏む」の一例です。スモールステップは、この次はこれ、次はこれ、と決まっているものではありません。この保育者のように、子どもの様子やクラスの様子、環境を考えて決めます。これもPDCAですね。

一斉活動に入りにくい子どもの場合、このように始めると、参加しやすくなる場合があります。活動の展開の仕方も柔軟に考えてみましょう。

8月中旬の子どもの姿（変化）

- トイレに入れるようになった。
- 手作りの電子レンジおもちゃをままごとコーナーで使うようにしたところ、他児がそれに食べ物のおもちゃを入れて、「チン」と使うようになったのを見ていた。そこで、保育者は、冷めた白米をおもちゃの電子レンジに入れて「チン！」と言ってみたら、温めにいかなくても満足して食べ続けられるようになった。
- 保育者が、おかずの中から一つの食材をスプーンに乗せて「食べる？」と見せると、ものによって食べるようになった。一口ずつではあるが、食べられる食材や料理は増えている。
- 同じ机で食べている友だちが「おいしいよ」と言ってパクっと食べるのを見せると、本児が笑うようになった。こうした友だちからの働きかけを喜んでいるようだ。さらにその子どもが本児にすすめると、じっとそのお皿を見つめている。これは、友だちと同じものを食べられる自分に気づき、それをうれしいと感じているといってよいのかと思う。これは本児の社会性の芽生えといえることではないか、と思って今後の成長を楽しみにしている。

事前整理（8月）	
困って（気になって）いること	●保育者と一緒にトイレに行けるときもあるが、行きたがらないときもまだある。まだ排泄の自立はできていない。 ●みんなと同じ机に座って一緒に食べられるようになったが、最初と途中に白米を温めるふりをする習慣は、続いている。 ●衣服はちょっとだけ手伝って自分で着られることが増えている。頭や手を出すときに、「いないいない〜」などと保育者が声をかけて見守ると、やり取りを楽しんでふざけたりしながら自分でできるようになっている。くつは上達したが、くつ下はまだ難しそうだ。 ●一人で遊ぶことが多いものの、自由に活動する場面で電車遊びをしていると、ほかの子どもと鉢合わせしたりする場面があって、そのときはスルッとよけている。みんなでしている運動遊びに関心をもって自分から入って来ることが多くなったが、あとから参加するため、実際の運動量は少ない。製作活動は、手伝う部分はまだ多い。 ●大人との簡単な会話は増えてきているように感じる。他児との仲介は、保育者が意識して行っている。
変容した姿	●子ども同士で手をつなぐとき、保育者の声かけなどがなくても当たり前のように手をつないでいる姿が見られるようになった。 ●他児がブロックで作ったトンネルに電車を走らせていることに気づくと見続けたり、一緒に使いたそうにそのブロックをさわっていたりすることがある。「あとで自分だけで」というのではなく、「今、一緒に遊びたい」という気持ちが芽生えているようにも感じる。
好きなこと、嫌いなこと	●今まで特に参加しなかったトンネルのあるサーキット遊びのときに、電車を持って遠巻きに見ていたので、「持ったまま入っていいよ」と声をかけたら、トンネルくぐりをくり返し楽しんだ。自分がトンネルをくぐったのではなく、電車がトンネルを走っているイメージをもったのかもしれない。電車をうまく使うと活動の幅が広がりそうだと思った。 ●雷の音や赤ちゃんの泣く声に反応して、耳を塞ぐ姿が目に付いた。
保護者の気持ち	●わが子なりのペースで活動に参加して楽しんでほしい。 ●トイレットトレーニングを始めたい。

ここがいい！ このように記録を書きためていくと、長期的な視野で子どもの変容や成長を受け止められるようになります。さらに、次の手立ても考えやすくなります。

個別の指導計画　〇〇〇〇（3歳児・男児）　令和〇年2学期

担任　〇〇〇〇（令和〇年8月中旬作成）

今年度の ねらい	●園で安心して、様々な遊びの楽しさを味わう。 ●みんなと一緒に食べることを楽しみ、様々な食材や料理に親しみをもって過ごしながら、保育者やクラスの友だちに親しみをもつ。 ●排泄が自立する。
今学期の ねらい	●遊びや活動を通して、保育者や友だちと関わることを喜ぶ。 ●様々な固定遊具での遊びの楽しさを感じ、運動的な遊びを好きになる。 ●保育者の促しで一緒に行って、トイレに座れるようになる。 ●様々な食材に興味をもち、食べようとする気持ちをもつ。 ●音が気になって落ち着かないときには、イヤーマフを使うかどうか自分で決める。

	子どもの姿	ねらい	手立て・配慮	評価
遊び・人との関わり・片づけ	●他児がブロックで作ったトンネルに、電車を走らせていることに気づくと見続けている。 ●（9月初旬）一緒に使いたそうにほかの子どものトンネルを触っていることがある。 ●子ども同士で手をつなぐとき、保育者の声かけなどがなくても当たり前のように手をつないでいる姿が見られるようになった。 ●（12月）本児の近くでほかの子どもが片づけていると、「片づけする？」と保育者に聞きに来る。 ●（11月）音が嫌そうなときに「イヤーマフ、使う？」と出して聞いたところ、自分から頭につけた。それ以来、本児の様子を見て提案すると自分で選んでいる。	●好きな遊びを楽しみながら、友だちと関わろうとしたり、関わったりする。 ●友だちに言葉に限らず、ジェスチャーなどでも「貸して」「入れて」と気持ちを伝えようとする。 ●友だちと一緒に片づける。 ●イヤーマフが必要かどうかを自分で決められるようになる。	●本児の好きな電車遊びが十分楽しめるように、また、他児も遊べるように数と環境に配慮する。 ●友だちと触れ合う機会を見逃さないようにし、気持ちを伝える場面を注意深く見守り、本児の言いたいことを言葉で言い添えたり、ほかの子どもの言葉をくり返したりする。 ●互いの気持ちが通じ合えたときは、そのことを子ども同士が十分喜べるようにしたり、共感を表現したりする。 ●「お友だちが片づけているね。お友だちと一緒にやろうね」と友だちの行動に気づいたことを認め、みんなと同じ場所に片づけるよう促す。 ●イヤーマフは、普段は見えないところに保管し、使うときだけ保育者が出す。他児が関心をもったときには、「これがあると怖くないみたいだとママとパパから聞いて預かっているの」「あなたも使いたいかも。でも、これはおもちゃじゃないのよ」と理解できるように伝える。	●並行遊びが増えて、ときには笑い合うようになった。一人ひとりがやりたい遊びを十分できる適切な環境だったからかも。 ●ある日、自分から保育者に「お友だち、片づけてる？」と言った。それからしばらくして「片づけ」と言いながら、おもちゃを片づけた。 ●他児も、イヤーマフが本児にとって大切なものであることを理解している。

	子どもの姿	ねらい	手立て・配慮	評価
食事	●食事中にごはんを温めてほしいというタイミングが遅くなって、冷めても食べきる日が増えている。 ●食べると険しい顔をしているが、保育者の「すごい、食べられたね！」の言葉かけで笑いながら拍手をする（味わっているかは不明だが食べられたことはうれしいのか？）。 ●(12月初旬)同じ机の子どもが「これ、おいしいよ」と見せて食べると、じっと見るようになる。	●温めなくても最後まで食べられるようになる。 ●(10月)保育者が口元に指し出すほんの少しだけの食材を食べる。	●ままごとコーナーの電子レンジを使って満足できないか試してみる。 ●食べ始める瞬間に食材を差し出すようにして、嫌そうだったら無理強いしない。しかし、食べようかどうしようか考えているようなときは、待つ。食べられたらほめる。	●量はその日の様子に応じて調節しているが、10月には温めることなど忘れたかのように、ごはんを食べきれるようになった。 ●食べたことのないものも、一口食べられることが増えた。食べられると、保育者が拍手するのを喜んで自分もパチパチと拍手する。まわりの子どももうれしそうに見ている。
トイレ	●(9月)排尿前の気持ち悪さのためか、勧めても行こうとしない。 ●(11月)尿意を感じ、「トイレ行く？」と自分から保育者に言いに来る。 ●(10月)トイレに行くと、「うるさい」と言うことが増えた。	●怖がらずにトイレで過ごす。 ●パンツに排尿したら保育者に伝える。 ●トイレに行こうとする。	●行きたそうだ、と思っても無理に行かそうとはせず、「(おしっこ)出たら教えて」と伝え、できたら「教えてくれてありがとう、よくわかったね」とほめ、本児に合ったトレーニングのステップを踏めるようにする。 ●自分から言ってトイレに行っても出ないときは、教えてくれたことに礼を言ったり、ほめたりする。 ●(11月)イヤーマフを使うかどうか聞いて、本児が使いたいと言ったときはつけさせる。	●12月末の個人面談で保護者から、「発達支援事業所で立っておしっこができた、と聞いて家でも試したらできました」と伺った。それから、園でも座らせるのをやめたら、成功した。
保護者との連携	●運動会の感想では、「ほかの子どもと一緒に過ごし、楽しそうに活動している姿を見られて感動した。園のお陰だと思い感謝している」と記入してくださった。 ●運動会後、音と行動の関係を具体的に保護者に伝え、イヤーマフの使用について相談したところ、受け入れてくださり、園で使うよう本児に持たせた。			

ここがいい！

「スモールステップを大切にする」と書いても、実際に何をどうするかが書かれていないと日々の指導に使える計画書にはなりません。この計画は、具体的に「〇〇する」と書かれており、書いてあれば試してみることができ、評価もできます。

4

様々な個別の指導計画実例

児童発達支援事業所に通い始めた子ども（4歳児）

児童発達支援事業所への通所開始を受け、家庭や関係機関との連携欄を設けた事例です。

指導計画（2学期）

氏名 ○○○○（4歳児・男）	生年月日 令和○年11月○日	担任 ○○○○	園長印	

今年度のねらい
- ●遊びや生活を楽しみながら、安心して生活をする。
- ●集団生活の中で言葉を獲得し、言葉を通じてコミュニケーションが取れるようになる。

	実態
生活	●徐々に生活の流れがわかり、基本的な身支度ができるようになってきた（シールを貼る、水筒を出す、くつをしまう等）。 ●上手にできないことや思い通りにならないことがあると奇声を上げる、怒り出すことがある。 ●着替えの場面において、甘えの気持ちにより、できていたことでも自分で挑戦する前に「むずかしい、やって」と助けを求める。
言葉	●簡単な単語（赤、どうぞ、ありがとう等）から、少しずつ複数の単語を並べて話すようになってきた。例：「〜したい」「〜見た」「〜好き」など
遊び	●一人で集中してブロックや遊具を楽しんでいる。こまかいブロックを上手に組み合わせ、家や庭を作って遊んでいる。 ●思い通りにならないときや、作ったものが壊れてしまうと怒ってパニックになる。
友だちとの関わり	●言葉が増え、会話をする楽しさがでてきたことで友だちと関わろうとする。 ●友だちの中に入りたいが、どうしていいかわからず、もどかしさから叫んで怒り出す。
家庭や関係機関との連携	●園であった出来事をこまめに連絡したり、家での様子を聞いたりして情報交換をしている。 ●9月から児童発達支援事業所を週1回の頻度で利用開始。 ●夏休みに発達診断を受け、9月に結果が出る。その後、家庭と園で面談。

2学期のねらい
●生活に見通しをもって、安心して過ごす。
●友だちと関わり、一緒に遊ぶ楽しさを味わう。

指導の手立て	評価・反省
●見通しをもって生活ができるよう、ホワイトボードに番号・やること・やることのイラストを貼り、何を行うのかが目で見てわかるように示した。 ●何に対して怒っているのかを把握し、少しでもできたことがあったらほめる。 ●言葉で言えたことに対してほめ、できるところは自分で挑戦するよう促し、サポートする。	●ホワイトボードにイラストを貼り、1日の流れが目で見てわかるようにしたことで、朝に何をするのかがわかり、期待感をもち安心して生活している。 ●今後は、なぜできなかったのかを一緒に考え、違う方法を提案して取り組み、探っていく。 ●甘えたい気持ちを言葉にして伝えられた喜びから、何度も受容を求めている様子が見られる。甘えを受け止めながらも、自分でできる喜びを感じられるようサポートしていく。
●話を聞き、しっかりとした言葉で聞き返すようになるよう、「Yくんは、ブランコがしたいんだね」と接続詞を加えて伝えるようにした。	●少しずつ話せる単語や言葉が増えてきたことに喜びを感じている。また、話すことを楽しみ、友だちとのやりとりも増えてきた。
●いろいろな素材や遊びを用意し、遊びの幅が広がるようにする。 ●パニックになってしまったら、落ち着けるよう場所を変え（廊下や空いている部屋など）、安心できる環境を設定する。	●好きな遊びを見つけ、集中して遊ぶ時間が増えた。 ●友だちの遊んでいる様子を見て、まねをして遊ぶことが多いように感じる。保育者が間に入り、友だちと関わって遊べるよう支援していきたい。
●友だちの遊びに入ろうとする行動が見られたときには、保育者が一緒に「入れて」と伝えたり、「入れてって言ってごらん」と、どのように伝えるべきかを本児に伝えるようにした。	●その都度、どのように伝えるべきかについて声をかけ続けたことで、「入れて」「いいよ」のやりとりが自らできるようになってきた。 ●話すことに喜びを感じ、友だちとの遊びややりとりを楽しんでいる。
【発達結果を受けて】 ●言葉だけの指示が難しいため、目で見てわかるようイラストを見せる。説明はゆっくりとくり返して行う。 ●ケンケンの動きができない。運動能力が低い可能性が考えられるため、様々な体の動きを遊びの中に取り入れる。 ●どのような言葉かけで理解できるのか・難しいのかを探る。	●発達結果を受けて以降、ホワイトボードを使用したり、おもちゃの時計であらかじめ片づけの時間を記したりした。その結果、パニックになることが減り、スムーズに行動できるようになってきた。 ●今後、支援施設と連携を図り、本児の様子について情報共有をする。

指導計画（3学期）

今年度のねらい
●遊びや生活を楽しみながら、安心して生活をする。
●集団生活の中で言葉を獲得し、言葉を通して、コミュニケーションが取れるようになる。

	実態
生活	●基本的な生活習慣の流れがわかったことで、身支度は自ら一人で行う。 ●着替えの中でできないことがあると、保育者に顔を擦りつけるなど甘える姿が見られる。 ●以前はできないことがあると、すぐに「やって」と助けを求めることが多かったが、最近はできるところまでは自分の力でがんばり、「一緒にやって」と言うようになった。
言葉	●接続詞がないことが多いが、長い文で話せるようになってきた。 ●思い通りにならず、上手に言葉で気持ちが伝えられないと、くやしさやもどかしさから、廊下や教室の隅に行き、叫んだり泣いたりする。
遊び	●同級生の遊びだけではなく、上級生の遊びにも興味を示し、ルールのある遊び（おにごっこ、リレー）や泥団子作り、川作り、剣作りなどをしている。
友だちとの関わり	●友だちの中に入りたいときには、「入れて」が言えるようになった。 ●話せる言葉や共通の話題が出てきたことで、自ら友だちと関わり遊んでいる。 ●友だちが困っていたら、気にかける様子がある。
家庭や関係機関との連携	●12月の発達診断結果では、できることが増えてきたので次回まで観察する。 【事業所から伝えられた今月のねらい】 ●言葉でのコミュニケーションが取れるようになる。 ●感情をコントロールできるようになる。

3学期のねらい
●言葉でのコミュニケーションが取れるようになる。
●感情をコントロールできるようになる。

指導の手立て	評価・反省
●2学期と同様に、ホワイトボード上に1日の流れのイラストを貼り、目で見てわかるようにしている。朝の身支度や生活の流れが普段と異なる場合には、個別で伝えるようにする。 ●甘えを受け止めながらも、少しずつできることが増えていくよう、やり方を見せたり、一緒に行ったりする。	●習慣になっていることや簡単な作業は理解して自分から行うが、はじめての場所や物事、製作など工程の多い作業があるときには、説明だけでは理解できず、まわりの様子を見てまねをしている。今後、観察が必要。 ●保育者に助けを求めるときや友だちと関わるときに、甘えややさしさの気持ちから、ハグや顔を擦り寄せることがあるが、距離感や加減の調節が難しいときがある。
●一人で考える時間を大切にして、落ち着いてから状況を話したり聞いたりして、その状況に応じた正しい言葉を保育者が伝え、その都度、気持ちを自分で言えるよう促している。	●思い通りにならず、叫んだり泣いたりする状況になったときに、本児と一緒にくり返し考えながら、どのように気持ちを伝えるべきかを話した。それにより、少しずつ同じような場面では、自分の気持ちを友だちに言えるようになってきた。
●一緒に遊びに参加して見守り、ルールが複雑で戸惑っている場合には、本児のそばでするべきことを伝えたり、見本を示すようにする。	●できることが増え、様々なことに興味をもち始め、遊びを見てまねをしたり、積極的に遊びに参加・挑戦し、遊びの幅が広がった。
●本児の言葉を友だちが聞き取れることも増えてきたが、興奮していると舌が上手にまわらず聞き取りにくいこともあるので、その都度保育者が代弁する。	●言葉の数が増え、友だちと共通の話題ができたことから、友だちと関わることの楽しさを感じている。 ●友だちの前でも自信をもって話すようになった。 ●トラブルが起きると状況が把握できなくなり、逃げたり泣いたりしてしまう。
●思い通りにならなかったときに、怒るのではなく言葉にできるよう支援する。 ●1つの手段だけではなく、違う手段も考えられるように本児と話をして様々な手段を伝える。	●思い通りにならないと、気持ちを言葉にできず「あー」と叫んだり、怒ってしまうため、くり返しなぜ怒っているのか言葉にできるようにしていく。 ●完璧主義なところがあり、融通がきかないことがある。

 アンダーラインの記述など、「実態」「指導の手立て」がはっきり見えてくる計画になっています。

4

様々な個別の指導計画実例

発達に気がかりがある子ども（2歳児）

要支援児日誌をもとに個別の計画を立てた事例。

ねらい	援助してもらいながら、身支度など自分で身の回りのことをできる達成感を味わう。	
月日（　）	子どもの姿と援助	振り返り・評価
9/○ （月）	●園庭から保育室へ他児が先に入室したことがわかると、興奮して手がつけられなくなった。保育者がなだめながら着替えを援助した。 ●散歩の際は保育者と手をつないで歩いた。帰路ではおなかが空いたらしく、歩きたくなさそうにしたり、転んだりする姿が見られた。	●1番になりたいので、他児の動きを敏感に察知する。見なければ落ち着くのだろうか。 ●朝食をいつもより食べなかった、と保護者から連絡があった。
9/○ （火）	●散歩から帰ってきた友だちを室内に入らせないように入口で押した。友だちが倒れて泣くと、呆然と立ち尽くしている。	●1番になりたいので、思わず押してしまったが、相手が泣いたことで自分の行動に気づいたのだろうか。
9/○ 9/○ （水）（木）	（児童発達支援事業所に通所）	
9/○ （金）	●自分でくつの着脱ができたので、ほめるとうれしそうに「やったね」と言い、右手でグッドサインをつくり保育者に見せる。 ●他児が先にトイレへ行くとパニックになる。	●着脱できた場面を見逃さず、ほめることができてよかった。機嫌がよかったことでがんばることができたのだろうか。 ●どんな場面でも1番になりたがるので対応に困る。

ねらいに対しての振り返り・評価　（記録者）
●火曜日のトラブルについては、早番と情報共有ができていたら、早めに散歩から戻るなど、工夫できたかもしれない。結果としてスムーズに帰ることができた可能性がある。
●ほめることができる場面を見逃すこともあり、常にタイミングよくほめるのは難しいと感じた。
●担任の保育者間で、パニックになったときにどのように対応するか共通理解をもつことが、今後の課題である。

園長より	金曜日、私もくつの着脱の場面を見てうれしい気持ちになりました。タイミングがよかったですね。先生の奮闘はいつもありがたいです。今後、巡回の心理士に相談してみませんか。

〈巡回の心理士に相談した記録〉

●日々の個別の日誌を見て、本児を理解しようとする内容が表現されていると評価してもらった。
●保育者が「こうなってほしい」と思うことを整理してみては、と提案があり話し合った。
●パニックは、本児がなりたくてなっているのでないということに改めて気づいた。
●本児のパニック状態を目にする他児は、本児をどのように思うかについても話し合った。その点に今まで意識が向いていないことに気づいた。

○年度　9月　指導計画	2歳児○○組

氏名	生年月日	担任	園長印
○○○○（2歳児・女）	令和○年8月○日	○○○○	

ねらい	●パニックを減らして、楽しく遊び、気持ちよく過ごす。 ●園庭や公園で遊具を使って遊ぶのを楽しんだり、体を動かす心地よさを味わったりする。

保護者から

- 児童発達支援事業所に親子で通い始めて、子どもは喜んでいるように見える。
- 遊びの途中で食事に呼ぶときは、切り替えができなくてパニックになることが時々ある。

関係機関との連携

- 巡回心理士の前回の報告書を受領し、関係保育者で読み合い、週案等に活かす。

指導上の手立て・配慮点

- 全体に指示するときは、わかりやすい言葉で短く伝える。
- 赤色が好きなこだわりを認めて、赤チームになるようにする。
- 散歩のときは担任が手をつなぎ、先頭を歩く。
- 本児の話したいことを聞き、内容を受け止めて言葉で関わることを楽しめるようにする。
- 場面の切り替えの際は、本児が一番先に動けるように促す。他児が先になってしまわないよう、ほかの保育者にもさりげなく配慮してもらう。
- パニックになったときに一人になれるよう、衝立を用意し、落ち着いたら声をかける。
- 保護者と相談し、家で食べない野菜に関しては、少量のみ取り分けるようにし、少しでも食べたらほめる。

反省及び評価・課題

- 以前は1日に何度もパニックを起こしていたが、最近はパニックを起こさない日も少しずつ見られるようになった。ニコニコしている姿も増えたような気がする。
- 他児が不公平感を感じていないかと、心が痛むときがある。
- 他児（T）は、本児がいつも1番になることに気づいて、「ぼくが先だったよ」と言うことがあった。Tに、「○○ちゃんは1番にならないと我慢できなくなるの。わかってくれる？」と話したところ、「ふーん、いつも1番がいいって泣いていたんだ」との返事。今後、Tをはじめ、他児の心に寄り添うことも大切にしたい。

ここがいい！　巡回の心理士の助言で、ねらいの欄を加えたことで、ねらいを意識しながら毎日保育できるようになったことが、本児のパニックの減少につながったといえるでしょう。

児童発達支援事業所と園を併用する子ども（３歳児）

写真を添えて子どもの姿を明確にし、情報共有をしやすくした事例。

氏名 ○○○○（３歳児・男）	生年月日 令和○年６月○日	担任 ○○○○	園長印

◎ねらい　△内容	子どもの姿
12月 ◎まわりの友だちを意識し、まねしようとしたり一緒に活動に参加したりする。 △身支度をする際は自分で衣類を脱ごうとしたり、衣類をロッカーに戻したりする。（写真）	**【行事】** ●発表会を迎えるにあたり、クラスの中に設置したミニ舞台で、友だちと一緒に舞台上に立つということができるようになってきた。舞台に上がる際には必ずその歌の絵本を持ち、歌に合わせてめくる。 ●本番ははじめて衣装を着ることができ、楽しそうに舞台上で本をめくりながら過ごしていた。 **【身支度】** ●12月当初は、くつ下を履かずに室内で過ごしていることが多く、上履きもほとんど履いていなかった。発表会が終わったころから興味をもち始め、保育者の声かけでくつ下・上履きを履けるようになってきた。 ●自分のロッカーへの意識が高まってきた。自分のマークのシールを見つけると、指をさし「わんわん」と言う様子が見られている。「わんわん」と言いながら、給食セットをしまったり、リュックをしまったりできるようになった。 **【遊び】** ●室内遊びでは引き続き、大型絵本・電車のおもちゃ・ボールプールなどで遊んでいることが多い。 ●ボールプールでは、友だちと一緒にプールの中に入ってやりとりを楽しんだり、友だちのアクションに対し、声を出して笑っていたりしていることが多々ある。 ●外遊びでは、仲よくなった友だちのうしろをついていくこともある。 ●外遊びでは、好きな遊びを見つけて自由に遊んでいることが多い。 ●気が済むまで三輪車に乗る、何度もくり返し滑り台をする。体を動かした遊びをしていることも多い。 **【友だち】** ●友だちのアクションが好き。友だちの言うことに対してゲラゲラ笑う。 ●笑うと友だちが喜んでくれるので「ぎゅー」と抱きつこうとする。友だちとの関わりを楽しむ様子が見られるようになった。

自分の荷物を持ち、クラスまで歩いて行けるように！

発表会の練習では、舞台上で友だちと一緒に練習に参加することができた！

友だちがボールプールに入っていると、一緒に入ろうとする姿が見られるようになった（仲よく遊んでいる）。

外遊びでは友だちに対してアクションを起こし、一緒に遊びたいという気持ちを一生懸命に表現している。次に使いたいおもちゃを指さし、遊びたいものを提示している。

保育者の支援・配慮	保護者とのやりとり
●発表会を迎えるにあたり、本児の好きな歌を披露できたらと考え、3冊の絵本の中から好きな歌を指さしで選んでもらえるようにした。 ●場数を踏むことが大切と考え、週2日の登園日数を発表会2週間前から3日に増やし、なるべく友だちと一緒に舞台に上がる経験を積めるよう工夫した。 ●朝の身支度の際はすぐに部屋に入ってしまい、ルーティーンがつくれずにいた。本児のやる気に応じてサポートできるよう、「絶対にやってほしいこと」を定め、くつ下と上履きを履くと遊びに入れるように環境設定や言葉かけをした。 ●最初は戸惑い、少し泣いてしまうこともあったが、次第にルーティーンの1つとして自主的に行えるようになった。 ●どうしても体が熱くなってしまい、くつ下や上履きを脱ぎたいことがあった。指さしで教えてくれたときなどは保育者がOKサインを出している。 ●紙芝居をバラバラに出して楽しむ様子が見られたため、紙芝居から絵本に興味を切り替えられるよう、保育室の見える場所から紙芝居をなくすようにした。また、本児に見える場所にお気に入りの絵本を置くなど、気をそらせるように保育室内の環境を工夫した。 ●最初は紙芝居を探す様子が見られたが、ほかの遊びを自分で見つけることができるようになってきた。 ●2学期前半は保育者の手を引き、遊びたい場所へ誘導することが多かったが、12月に入ると自分の力で遊びたい道具や遊具を探し、準備ができるようになってきた。 ●保育者は声かけをしつつ、友だちと関わる場面には介入しすぎないように気をつけている。	●発表会に向けての取り組みについて細かくやりとりをし、ふだんの様子について話す機会を多く設けた。 ●本児の最近の様子として、保護者（母）の中でいろいろと気になる点があり、療育先での本児の姿と園での姿のギャップに戸惑っているようだった。 ●児童発達支援事業所の教師に最近の様子などを意見交換するために話し合いに行ったが、細かな内容や留意点までは聞き取りができなかった。 ●児童発達支援事業所との話し合いも踏まえ、2学期が終わるころに来年度の登園日数や最近の様子などを父・母と園長・担任で話す時間を設けた。来年度も引き続き園への登園日数は2日だが、本児の様子によって3日に移行していく予定。 ●母親によると、家で嫌なことがあると強い力で突き飛ばす行動が見られるようになってきたようだ。園でも保育者が本児の行動が危ないと感じたときに「ぶっぶーだよ」と伝えると、保育者に対し突き飛ばす行動が見られることがある。 ●そのつど、「痛いよ」「いやだよ」となるべくわかりやすい反応をすると、反省した表情で抱きついてきたり、保育者の膝の上で顔をうずめたりしている。いけないということはわかっており、本児なりの一生懸命の表現なのかもしれない。 ●保育者にはそのような行動をとるが、友だちに対しては突き飛ばすことなどはせず、嫌なことがあると必ず保育者のそばにくる。

4

様々な個別の指導計画実例

◎ねらい　△内容	子どもの姿
1月 ◎まわりの友だちと同じタイミングで活動に参加し、楽しさを感じる。 ◎生活の流れを思い出し、支度や片づけを友だちと一緒にやってみる。 △友だちと一緒にトイレに行き、場所に慣れるようにする。 △まわりの友だちの様子を見て、一緒に活動することの楽しさを感じられるようサポートする。	● 3学期の登園初日には、朝のルーティーンを忘れてしまったのか、早くクラスに行きたかったのか、裸足でクラスまで行く姿があった。クラスに入り、くつ下と上履きを見せると「あっ！　思い出した！」という表情になり、スムーズに履いた。 ● 室内遊びでは、車や電車のおもちゃ、はさみなどで遊ぶ姿が見られた。はさみは、その後も継続して遊ぶ様子があった。折り紙を小さく切り刻んで箱に入れる動作をくり返しており、はさみの使い方は上達している。 ● 以前の始業式では室内にいることができず、ほかの部屋に行ってしまうこともあったが、今回はその場にいることができた。 ● 発表会の延長なのか、歌の絵本を全部持っていこうとする姿があった。保育者が「全部ではなく、2・3冊にしよう」と提案すると納得し、遊戯室の中で落ち着いて過ごすことができた。 ● トイレに興味をもち始め、友だちがトイレに行くタイミングで一緒に行けるようになった（1日2回ほど）。その際には、保育者と一緒に1〜10まで数を数え、便器に座るようにしている。まだ便器での排泄はないが、児童発達支援事業所でのやり方に合わせながらトイレトレーニングを行っていきたい。

蕁麻疹が出ていることもあり、午前中で疲れてしまい、午後は30分ほど寝てしまう日が1月に入り増えてきた。

遊びの中で友だちと一緒に過ごす時間が増えた。一緒に遊びたい友だちに自ら肩をたたきに行ったり、「あ！」「う！」と声をかけたりしている。

保育者の支援・配慮	保護者とのやりとり
●朝の支援などについては12月の時点で理解しているようだった。保育室内に入り、保育者が上履き・くつ下を渡したところ、すぐに状況を理解したのか、上履き・くつ下を履いた。保育者が「わんわん」と伝え、荷物を自分のロッカーに入れるよう促した。 ●室内遊びでは、はさみに興味をもっている様子だった。はさみを渡すと折り紙を小さく切り刻む様子が見られた。しかし、床に切り刻んだものを落とす姿が見られたので、「箱の中に入れてね」と伝えて箱を渡すと、その中に自分の切ったものを入れながら遊んでいた。その様子見た友だちが、一緒にはさみを使って遊び始めた。「○○ちゃんと一緒にできてうれしいね」と声をかけると、みんなが笑う。その様子を見て本児も一緒に笑う姿が見られた。 ●保育者の提案に一度は落ち込む姿が見られたが、何度かやりとりを重ねる中で、少しずつ歩み寄ってくれる様子が見られるようになった。本児の様子を受け止めつつ、保育者の思いや約束などを提案していきたい。	●児童発達支援事業所での本児の様子や、保育者の本児への関わり方に疑問を感じることがあるとのこと。 ●児童発達支援事業所への通所しぶりがひどくなってしまい、母親も本児に対して怒ってしまうときがある。結果として、本児は体に蕁麻疹が出てきてしまったらしい。 以上の内容の相談を1月上旬に受けた。母親が精神的に辛そうであることや、本児の体調への影響もあったため、3学期いっぱいまでは登園を2日から3日に切り替えるのはどうかと園から提案した。

 一層の守秘義務への配慮が必要ですが、写真を載せることで園内での情報共有がしやすくなりますね。

様々な個別の指導計画実例

児童発達支援事業所に通う進級後の子ども

（進級前の 1 ・ 2 月の計画を106-109ページに掲載）

児童発達支援事業所との連携欄を設けた事例です。
赤字は、期間内に、子どもの姿に応じて追記しています。

今年度のねらい
●園生活に慣れ、友だちや保育者に関わることを楽しむ。 ●様々な活動の楽しさを味わい、好きな遊びをのびのびと遊ぶことを楽しむ。

4月　◎ねらい　△内容
◎園生活に慣れ、保育者や友だちと関わる安心感を感じる。 △スキンシップを多くとり、目を合わせて保育者と関わることに楽しさを感じる。

子どもの姿	保育者の支援・配慮点
●クラスの中にある三角マットで、体を動かすことが好き。 ●お気に入りの曲が流れると、笑顔で体操をしている。 ●シールを貼ることが好きで、出席カードのシールを貼ることを楽しみにしている。 ●給食では、自分で給食セットを出し、支度する。 ●食事では、基本的には自分でスプーンを持ち、好きなものを食べている。「ごちそうさま」をするときには、手と手を合わせて自分で片づけをする。 　→保育者が手を出すと怒ってしまうので、本児がやりたいように見守る。 ●教室から廊下に出ていってしまうこともあるが、名前を呼んで両手を差し出すと必ず戻ってくる。抱っこも苦手ではなく、クラスに戻る際には抱っこを要求する。 ●円を描くことが好きで、クレヨンの様々な色を使って円を描く。	●廊下に出て行きそうなときには体操の曲を流したり、本児が楽しく活動できるような素材を置いたりし、クラスで落ち着いて過ごせるよう促す。 ●丸のシールを用意し、集中して遊べるよう促す。 　→粘土で遊ぶことが好きなので、今後、粘土を出したときには、本児が遊べるようにサポートする。 ●本児が食への意欲を失わないよう、好きなものを食べるように促す。 ●落ちているものを拾って食べてしまうことがあるため、本児のまわりに落ちているものはすぐに拾うようにする。 ●名前を呼ぶことや、目を見て話すこと、スキンシップを多くとることなど、本児が少しでも安心できるように、保育者が積極的に関わることを心がける。 　→ぶどうやさくらんぼなど、丸が描いてある塗り絵を用意し、クラス内で落ち着いて過ごせるように促す。

保護者の願い

●楽しく園生活を送る中で、基本的な生活習慣や友だちとの関わりを増やしていってほしい。

●保育者に慣れ、様々な大人との関わりを楽しんでほしい。

保護者との関わり	児童発達支援事業所との連携
●母は、「楽しく遊んでくれれば十分」とのこと。 ●どのようなことを好んで遊んでいるのか、どのようなやりとりをしたのかなど、保護者に対して細やかに報告する。 ●家での様子やY事業所での様子などを事前に母に聞き、園での生活に反映できるようにする。 ●本児が登園する木・金曜日だけでは終わらない製作などをどのように進めるかについて、保護者に毎回相談して決める。	●Y事業所でのやりとりや面談内容などについて、保護者から話を伺った。 ●Y事業所での支援計画を共有してもらい、その内容の確認と、今後の支援について電話にてY事業所側と話し合いを行った。 ●今後、学期ごとに本児の様子の共有や支援についての話し合いを行っていく予定。 →学期ごとにY事業所に行き、本児の課題や成長などを共有したいと伝えた。 ●毎学期の支援計画を保護者から共有してもらい、園での生活にも反映できるようにすると伝えた。

5月　◎ねらい　△内容
◎好きな遊びを見つけ、安心して園生活を過ごす。 △やりたい気持ちを受けとめ、遊びに集中できるように促す。 △園生活に慣れてきた様子も感じられるため、園でのルールについて少しずつ知らせる。

子どもの姿	保育者の支援・配慮点
5月○日（木） ●いつも横に並べている電車のおもちゃを縦に綺麗に並べている姿があった。（写真）  ●預かり保育の部屋にある電車のおもちゃを取りに行き、自分のクラスに持ち帰ってくるというルーティーンがある。 ●床に唾を吐くことが多々ある。遊戯室にあるトランポリンに唾を吐きニコニコしていた。 　→そのつど保育者が「めーよ！」と言いながら、バツ印をつくって伝えるようにする。 ●したい行動を止めると泣き叫ぶことがあった。 　→したいことをできるよう、保育者がサポートする。その中で、危険なことや友だちに影響があることは、伝えるようにしていく。	●保育者間で、本児が今どこで遊んでいるのかを共有・把握し、様子を見守る。 ●「きれいに並べたね」などと前向きな言葉かけをする。（写真） 　ひたすらジョーロに水を入れ、新しいジョーロに水を入れる。 　狭いところに入ることがある。カゴに入ったり、ロッカーの下に入ったりする。

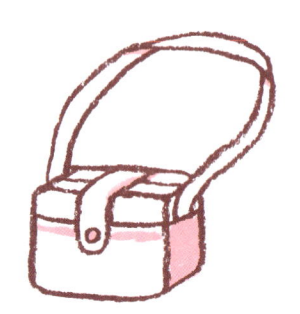

保護者の願い

- 園でのルールを知り、まわりの友だちと一緒に支度してほしい。
- 園内でくつ・くつ下を履いて戸外で遊んでほしい。
- 家でも訓練している様子。

保護者との関わり	児童発達支援事業所との連携
●降園時には、その日に何を行ったのかについて保護者に伝える。 ●家ではどのようなものにハマっているのかを、連絡ノートに記入してくれることが多い。ノート上で園の様子についても伝え、連携ができるようにする。 ●Y事業所でのやり取りの中で、担任の先生とよい関係を築けていない様子。保護者から、児童発達支援事業所に3日登園するのをやめて園に3日行きたいという雰囲気を感じた。 →今の本児のよい状況や様子があるのはY事業所での経験が土台となっていることを伝えた。また、Y事業所でできるようになったことを園でも披露してくれる姿があると保護者に伝えた。	●Y事業所での本児の課題について、保護者から話を聞く機会をつくった。その中で、保護者がY事業所の担任の支援方法に戸惑っていると感じた。 ●Y事業所に連絡をし、園での様子を見に来てもらえないか、また園ではどのようなことをがんばっているのかなどを共有する機会をつくった。 ●今後も定期的にお互いの施設の見学・相談などを行っていきたい。園での生活はY事業所での土台が基になっていることも多いので、連携を図っていきたいと伝えた。

110～113ページは、写真に加え、赤字で追記が入っており、きめ細かな保育の様子がよくわかります。児童発達支援事業所との連携、保護者の気持ちの受け止めなどの記述から、配慮が行き届いていることがうかがえます。個別の指導計画を実際に役立つものとした素敵な例ですね。

児童発達支援事業所の個別支援計画

106〜113ページで掲載した子どもの児童発達支援事業所における個別支援計画です。

今期のねらい	大人の声かけを聞いて動く。	
	設定理由 大人の働きかけを統一し、端的に伝えることで本児にとってわかりやすい様子があった。その中でくり返し経験することで朝の会の参加の仕方も変わってきたため、Ⅱ期は、大人の声かけを聞く中で誤解なく取り組み、本児のもっている力を発揮していってほしい。	

	療育課題	働きかけ・留意点
生活	着脱: 大人と一緒に着替える。	●朝来たら必ず着替えをし、習慣となるようにしていく。 ●着替えが嫌にならないよう、大人が手伝いながらすすめていく。 ●本児が着替えやすいように、洋服のデザインやサイズを家庭と相談して支援を進める。
	食事: 片づけをする。	●食べ終わったら手を合わせて終わりを知らせる。立つ前に大人が片づけまでの流れを伝える。 ●道具の使用に関しては、まずはスプーンでごはんをすくうところから進めていく。
	排泄: トイレに座る。	●午前中は紙パンツで過ごし、活動の合間にトイレに誘う。10を数えている間は便器に座るように促していく。 ●午後の時間は布パンツに履き替える。 ●家庭での様子も伺い、両者と相談しながら支援を進めていく。
運動	いろいろな動きを経験する。	●巧技台・リズム・体操の中でいろいろな動きの経験を重ねていく。 ●わかりやすい設定や、見本を見る姿勢づくりをしっかりと行い、体の動かし方を丁寧に伝える。 ●「ゆらしっこ」や「スライム」などの遊びで、感覚統合を図っていく。 ●生活動作の中での道具の使用、細かい作業をする機会をつくっていく。
社会	朝の会では、リーダーに注目して参加する。	●朝の会で見るべきところや発信している人がわかるよう、リーダーへの注目を促す。 ●困ったときにリーダーを頼りにしたり、交渉したりして、人とのやり取りを経験する。 ●遊びの中で人と過ごす心地よさを感じられるよう、本児に寄り添って楽しい時間をつくる。
言語	理解: 目で見てわかる状況を増やしていく。	●一つひとつの物に注目するのではなく、状況を見て今やっていることを知ることができるようにする。 ●楽しめるように声をかけ、わかりやすい設定をしていく。 ●目で見てわかりやすい設定やくり返しの設定、同じような声かけを通じて、わかることや場面を増やしていく。 ●場面や動作に合った声かけを、場に応じて行うことで状況と言葉をつなげていく。
	表出: 気持ちをたくさん表出する。	●言葉以外の表情やしぐさ、ジェスチャーなどを見逃さずにサインとして受け止め、代弁・対応していく。 ●本児の喜びを感じ、伝えたい意欲を引き出していく。
その他	家庭や他機関との連携 連携している他機関 ●園 ●相談事業所　YA ●I病院　ST ●Y事業所　ST ●音のハピネス	●家庭に本児の様子などを伺いながら、必要に応じて連携を図っていく。 ●必要に応じて他機関との連携を図っていく。 ●本児がY事業所でSTの支援を受ける中で、言語聴覚士とも連携を図り、療育に活かしていく。

〈総合的な支援の方針〉
集団生活(園)の様子を確認しながら、Y事業所では個別の関わりや家族以外の者との近い距離でのやり取りを通じて、人と過ごすことの心地よさや人から学ぶことの経験を増やしていきたい。また、いろいろな経験を通じて本児の興味・関心を広げ、わかることやできることを増やしていく。
本児の姿をどのように捉え、何を優先的に支援していけばよいかを家庭と一緒に整理しながら、見通しをもって取り組んでいきたい。

評価	声をかける大人をリーダーに統一したことでリーダーへ注目し、リーダーの指示に応じられることが増えた。くり返し同じ状況で、同じ声かけをすることで本児にわかりやすい様子があった。リーダーが声かけをすることをくり返したことで、前に立っている大人に注目すればよいことも理解している様子がある。今後は、大人の声かけを聞くことに加えてまわりの状況を見て気づき、誤解なく過ごせる場面を増やしていってほしいと思う。

評価・今後に向けて

〈着脱〉
大きめの服を用意してもらったことで、着替えに取り組みやすい様子が見られた。入室時に気持ちが崩れてしまったときは、着替えへの抵抗感が強くなっていることがあり、大人が本児の気持ちを整えながら着替えを支援することが多かった。今後も本児のタイミングを大事にしながら着替えに取り組み、できる部分を増やしていってほしい。

〈食事〉
食べ終わったら片づけるという一連の流れができるようになってきた。お弁当のふたを閉めたり、食具を片づけることができるようになった。袋に弁当箱を入れるときに向きを変えるのが難しく、大人が手伝っている。あいさつを待って食べ始めることができるようになってきたため、今後は「いただきます」と「ごちそうさま」のあいさつをしてから食べ始めたり、片づけをしたりもできるようになってほしい。

〈排泄〉
遊びたい気持ちが強いときには座ることを嫌がる様子があった。午後に布パンツを履く経験を重ねたため布パンツに慣れてきた。おむつでもパンツでも、おしっこをしているときには動きを止め、股をのぞいている様子がある。動きが止まったときにタイミングよく便器に座ることで、トイレで排尿することができた。今後もトイレに座る経験を重ね、トイレでの排尿につなげていってほしい。

「エプロンボール投げ」や、グーパーの手の動きなどはわかりやすく見本を示すことで模倣し、体を動かしていた。小麦粉粘土やスライム、砂場では、感触遊びを通して手や指先を使い楽しんでいる。巧技台では、いろいろな動きに試行錯誤しながら取り組む姿があった。大人の介助があると大人に頼ってしまうことがあるため、今後は大人の手を部分的に減らしながら、自分で体の動きを調整する経験をしていってほしい。

以前のリーダーからの声かけを習慣化したことで、名前を呼ばれる前に座ることやパネルを触らないで見ること、「ちょうだい」と言ってもらうことなど、指示を聞いて動くことができた。リーダーに注目できる時間も増えてきている。人数が少ないときのほうが声かけが入りやすく、本児にとってわかりやすい様子があった。今後は、活動の中で全体の動きに目を向け、今やるべきことに自ら気づき、動けるようになってほしい。

〈理解〉
経験したことのあることに関しては、現物を見ることでイメージをもち、理解していた。また、見せて知らせるのが難しいときには、マラソンで走る際の「白い線」など、決まったフレーズや歌などで知らせることも、本児の手がかりになっている。今後も、くり返し経験する中で、物だけでなく状況を見てわかる場面を増やしていってほしい。

〈表出〉
「やりたい」「いやだよ」などの気持ちをたくさん出してくれた。朝の会では早く名前を呼んでほしくて、指をさして知らせてくれることもあった。「ちょうだい」のジェスチャーも増えてきている。今後は、要求を大人に伝える経験をしていってほしい。

●家庭の様子や園の様子、他機関での様子を連絡帳や日々の話の中で共有した。
●園の先生と本児の姿について共有した。
●Y事業所の言語聴覚士と連携を図ってきた。

4

様々な個別の指導計画実例

個別支援計画・記載項目と内容

令和6年7月に、児童発達支援ガイドラインが改訂され、児童発達支援事業所における「個別支援計画」への記載事項の変更が盛り込まれました。園と、児童発達支援を併用する子どももいます。互いの理解の参考となるよう、形式例と記載内容をまとめます。

個別支援計画

（令和 　年 　月〜令和 　年 　月） 園児名 　○○○○ 　　　　令和 　○年 　○月 　○日

今期の目標	※支援期間（約6か月）を目安に全体の課題やポイントとなる目標を設定。 《設定理由》 ①今期の姿（今の姿）　※前期評価（相談の聞き取り）から姿を要約したもの。また、目標に向け、「〜なので、〜のため」等で次期の目標に繋がるよう記載。 ②今後の願い（今期の目標）　※今後、「〜なっていってほしい」姿の記載。徐々にステップアップを踏む言葉として「なってほしい」ではなく、上記の記入を使う。	
	療育課題	**働きかけ・留意点**
本人支援	※ねらいに対し関連する5領域の内容を記載する。 **健康・生活** ①健康状態の維持・改善 ②生活リズムや生活習慣の形成 ③基本的生活スキルの獲得	①健康状態の把握 ②健康の増進 ③リハビリテーションの実施 ④基本的生活スキルの獲得 ⑤構造化等による生活環境を整える
本人支援	**運動・感覚** ①姿勢と運動・動作の向上 ②姿勢と運動・動作の補助的手段の活用 ③保有する感覚の統合的な活用	①姿勢と運動・動作の基本的技能の向上 ②姿勢保持と運動・動作の補助的手段の活用 ③身体の移動能力の向上 ④保有する感覚の活用 ⑤感覚の補助及び代行手段の活用 ⑥感覚の特性（感覚の過敏や鈍麻）への対応
本人支援	**認知・行動** ①認知の発達と行動の習得 ②空間・時間、数等の概念形成の習得 ③対象や外部環境の適切な認知と適切な行動の習得	①感覚や認知の活用 ②知覚から行動への認知過程の発達 ③認知や行動の手掛かりとなる概念の形成 ④数量、大小、色等の習得 ⑤認知の偏りへの対応
本人支援	**人間関係・社会性** ①他者との関わり（人間関係）の形成 ②自己の理解と行動調整 ③仲間づくりと集団への参加	①アタッチメント（愛着）の形成 ②模倣行動の支援 ③感覚運動遊びから象徴遊びへの支援 ④一人遊びから協同遊びへの支援 ⑤自己の理解とコントロールのための支援 ⑥集団参加への支援
本人支援	**言語・コミュニケーション** ①言語の形成と活用 ②言語の受容及び表出 ③コミュニケーションの基礎的能力の向上 ④コミュニケーション手段の選択と活用	①言語の形成と活用 ②受容言語と表出言語の支援 ③人との相互作用によるコミュニケーション能力の獲得 ④指差し、身振り、サイン等の活用 ⑤読み書き能力の向上のための支援 ⑥コミュニケーション機器の活用 ⑦手話、点字、音声、文字等のコミュニケーション ⑧手段の活用
家庭支援・移行支援	①家族からの相談に対する適切な助言やアタッチメント形成等の支援 ②家庭の子育て環境の整備 ③関係者・関係機関との連携による支援	①子どものこと（子育て、発達、環境）についての相談など ②相談支援専門員との定期的な支援会議や支援計画の調整 ③関係者・関係機関の連携による支援体制の構築 ④家族支援プログラム（ペアトレ等）の実施 ⑤兄弟姉妹等の支援
地域支援	①地域における連携の核としての役割 ②地域の子育て環境の構築 ③地域の支援体制の構築	①保育所等子育て支援機関との連携 ②医療機関、保健所、児童相談所等の専門機関との連携 ③個別のケース検討のための会議の開催

≪総合的な支援の方針≫

			園	
		園長印　　　児発管（作成者）　担当〇〇〇〇印		
	家族の意向　本人及び	①今期の姿 ②今後の願い ③職員が行うこと などを記載。		
	優先順位	担当者・提供機関		留意事項
		①関わる職員の職種 ②併用先などの関係機関		①加算内容
		家族支援 　●学習会（〇〇教室） 　●家庭との連携、相談 　●ピアカウンセリング 　●兄弟支援（家族参加行事） 移行支援 　●併用先連携 　●就園就学相談		
		医療機関との連携 相談事業所との連携 他事業所との連携		

年　　月　　日　　　説明者　〇〇〇

上記の内容の説明を受け、了承しました。　　　保護者名　〇〇〇〇

個別支援計画・記入見本

個別支援計画

（令和　年　月～令和　年　月）　園児名　○○○○　　　　　令和　○年　○月　○日

今期の目標		

	療育課題	働きかけ・留意点
本人支援（生活）		
本人支援（運動）		
本人支援（社会）		
本人支援（言語）		
家庭支援・移行支援	●家庭との連携 ●（就園、就学）相談 ●Y療育施設　ST ●（併用先名）	●連絡帳や日々の療育の中で、ご家庭での様子を伺っていきます。 ●保護者同士の交流がもてるような場を設けていきます。 ●家族が安心して子育て、療育をしていけるよう、各行事や学習会を行っていきます。 ●（就園、就学）に向けて、ご家庭の思いを伺いながら、相談を進めていきます。 ●Y療育施設でのSTを経験する中で、言語聴覚士との連携を図り、療育に活かしていきます。 ●ご家庭から併用先での様子を伺ったり、見学を実施したりしながら連携を図っていきます。
地域支援	●（病院名） ●相談支援事業所（事業所名） ●（他事業所名）	●受診等の状況をご家庭に伺っていきます。 ●相談支援事業所との定期的なモニタリングを行い、情報や姿を共有していきます。 ●他事業所での様子や個別支援計画などを見せていただき共有していきます。

≪総合的な支援の方針≫

変更後の形式にのっとった個別支援計画の記入例です。
赤字の部分が変更によって、114-115ページと異なる部分です。

園長印	児発管（作成者） 担当〇〇〇〇印	

家族の意向	本人及び	

優先順位	担当者・提供機関	留意事項
	保育士 児童指導員	●子育てサポート加算 　（親子通園の中で子どもとの関わりや成長等の相談を行った場合）
	保育士 児童指導員	●専門的支援実施加算 　（ST、PTを受けた場合）
	保育士 児童指導員	
	保育士 児童指導員 理学療法士	●家族支援加算 　（ご家庭と相談等をもった場合） ※家庭訪問、施設内相談、 　併用先見学等 ●関係機関連携加算 　（医療機関と連携を図った場合） ※訓練見学
	保育士 児童指導員	
	保育士 児童指導員 言語聴覚士	
	保育士 児童指導員 児童発達支援管理責任者 言語聴覚士 幼稚園担任	
	保育士 児童指導員 児童発達支援管理責任者 相談支援専門員 訓練先医師	

年　　月　　日　　　　説明者　〇〇〇
上記の内容の説明を受け、了承しました。　　保護者名　〇〇〇〇

幼稚園教育要領解説、保育所保育指針解説、幼保連携型認定こども園教育・保育要領解説における、個別の指導計画に係る記載箇所を抜粋します。

幼稚園教育要領解説

第1章　総説

第5節 特別な配慮を必要とする幼児への指導

1　障害のある幼児などへの指導

　障害のある幼児などへの指導に当たっては，集団の中で生活することを通して全体的な発達を促していくことに配慮し，特別支援学校などの助言又は援助を活用しつつ，個々の幼児の障害の状態などに応じた指導内容や指導方法の工夫を組織的かつ計画的に行うものとする。また，家庭，地域及び医療や福祉，保健等の業務を行う関係機関との連携を図り，長期的な視点で幼児への教育的支援を行うために，個別の教育支援計画を作成し活用することに努めるとともに，個々の幼児の実態を的確に把握し，個別の指導計画を作成し活用することに努めるものとする。

（1）　障害のある幼児などへの指導

　学校教育法第81条第1項では，幼稚園，小学校，中学校，高等学校等において，障害のある児童生徒等に対し，障害による学習上又は生活上の困難を克服するための教育を行うことが規定されている。

　また，我が国においては，「障害者の権利に関する条約」に掲げられている教育の理念の実現に向けて，障害のある子供の就学先決定の仕組みの改正なども踏まえ，各幼稚園では，障害のある幼児のみならず，教育上特別の支援を必要とする幼児が在籍している可能性があることを前提に，全ての教職員が特別支援教育の目的や意義について十分に理解することが不可欠である。

　幼稚園は，適切な環境の下で幼児が教師や多くの幼児と集団で生活することを通して，幼児一人一人に応じた指導を行うことにより，将来にわたる生きる力の基礎を培う経験を積み重ねていく場である。友達をはじめ様々な人々との出会いを通して，家庭では味わうことのできない多様な体験をする場でもある。

　これらを踏まえ，幼稚園において障害のある幼児などを指導する場合には，幼稚園教育の機能を十分生かして，幼稚園生活の場の特性と人間関係を大切にし，その幼児の障害の状態や特性および発達の程度等（以下，「障害の状態等」という。）に応じて，発達を全体的に促していくことが大切である。

　障害のある幼児などには，視覚障害，聴覚障害，知的障害，肢体不自由，病弱・身体虚弱，言語障害，情緒障害，自閉症，ＡＤＨＤ（注意欠陥多動性障害）などのほか，行動面などにおいて困難のある幼児で発達障害の可能性のある者も含まれている。このような障害の種類や程度を的確に把握した上で，障害のある幼児などの「困難さ」に対する「指導上の工夫の意図」を理解し，個に応じた様々な「手立て」を検討し，指導に当たっていく必要がある。その際に，幼稚園教育要領のほか，文部科学省が作成する「教育支援資料」（平成25年10月　文部科学省初等中等教育局特別支援教育課）などを参考にしながら，全ての教師が障害に関する知識や配慮等についての正しい理解と認識を深め，障害のある幼児などに対する組織的な対応ができるようにしていくことが重要である。

　例えば，弱視の幼児がぬり絵をするときには輪郭を太くするなどの工夫をしたり，難聴の幼児に絵本を読むときには教師が近くに座るようにして声がよく聞こえるようにしたり，肢体不自由の幼児が興味や関心をもって進んで体を動かそうとする気持ちがもてるように工夫したりするなど，その幼児の障害の種類や程度に応じた配慮をする必要がある。

　このように障害の種類や程度を十分に理解して指導方法の工夫を行うことが大切である。

　一方，障害の種類や程度によって一律に指導内容や指導方法が決まるわけではない。特別支援教育において大切な視点は，一人一人の障害の状態等により，生活上などの困難が異なることに十分留意し，個々の幼児の障害の状態等に応じた指導内容や指導方法の工夫を検討し，適切な指導を行うことであると言える。

　そこで，園長は，特別支援教育実施の責任者として，園内委員会を設置して，特別支援教育コーディネーターを指名し，園務分掌に明確に位置付けるなど，園全体の特別支援教育の体制を充実させ，効果的な幼稚園運営に努める必要がある。その際，各幼稚園において，幼児の障害の状態等に応じた指導を充実させるためには，特別支援学校等に対し専門的な助言又は援助を要請するなどして，計画的，組織的に取り組むことが重要である。

こうした点を踏まえ，指導計画に基づく内容や方法を見通した上で，個に応じた指導内容や指導方法を計画的に検討し実施することが大切である。

例えば，幼稚園における個に応じた指導内容や指導方法については次のようなものが考えられる。

- 自分の身体各部位を意識して動かすことが難しい場合，様々な遊びに安心して取り組むことができるよう，当該幼児が容易に取り組める遊具を活用した遊びで，より基本的な動きから徐々に複雑な動きを体験できるよう活動内容を用意し，成功体験が積み重ねられるようにするなどの配慮をする。
- 幼稚園における生活の見通しがもちにくく，気持ちや行動が安定しにくい場合，自ら見通しをもって安心して行動ができるよう，当該幼児が理解できる情報（具体物，写真，絵，文字など）を用いたり，教師や仲の良い友達をモデルにして行動を促したりするなどの配慮をする。
- 集団の中でざわざわした声などを不快に感じ，集団活動に参加することが難しい場合，集団での活動に慣れるよう，最初から全ての時間に参加させるのではなく，短い時間から始め，徐々に時間を延ばして参加させたり，イヤーマフなどで音を遮断して活動に参加させたりするなどの配慮をする。

さらに，障害のある幼児などの指導に当たっては，全教職員において，個々の幼児に対する配慮等の必要性を共通理解するとともに，全教職員の連携に努める必要がある。その際，教師は，障害のある幼児などのありのままの姿を受け止め，幼児が安心して，ゆとりをもって周囲の環境と十分に関わり，発達していくようにすることが大切である。また，障害のある幼児など一人一人の特性等に応じた必要な配慮等を行う際は，教師の理解の在り方や指導の姿勢が，他の幼児に大きく影響することに十分留意し，学級内において温かい人間関係づくりに努めながら，幼児が互いを認め合う肯定的な関係をつくっていくことが大切である。

（２）　個別の教育支援計画，個別の指導計画の作成・活用

個別の教育支援計画及び個別の指導計画は，障害のある幼児など一人一人に対するきめ細やかな指導や支援を組織的・継続的かつ計画的に行うために重要な役割を担っている。

今回の改訂では，障害のある幼児などの指導に当たっては，個別の教育支援計画及び個別の指導計画を作成し，活用に努めることとした。

そこで，個別の教育支援計画及び個別の指導計画について，それぞれの意義，位置付け及び作成や活用上の留意点などについて示す。

①　個別の教育支援計画

平成15年度から実施された障害者基本計画においては，教育，医療，福祉，労働等の関係機関が連携・協力を図り，障害のある子供の生涯にわたる継続的な支援体制を整え，それぞれの年代における子供の望ましい成長を促すため，個別の支援計画を作成することが示された。この個別の支援計画のうち，幼児児童生徒に対して，教育機関が中心となって作成するものを，個別の教育支援計画という。

障害のある幼児などは，学校生活だけでなく家庭生活や地域での生活を含め，長期的な視点で幼児期から学校卒業後までの一貫した支援を行うことが重要である。このため，教育関係者のみならず，家庭や医療，福祉などの関係機関と連携するため，それぞれの側面からの取組を示した個別の教育支援計画を作成し活用していくことが考えられる。具体的には，障害のある幼児などが生活の中で遭遇する制約や困難を改善・克服するために，本人及び保護者の願いや将来の希望などを踏まえ，在籍園のみならず，例えば，家庭，医療機関における療育事業及び福祉機関における児童発達支援事業において，実際にどのような支援が必要で可能であるか，支援の目標を立て，それぞれが提供する支援の内容を具体的に記述し，支援の内容を整理したり，関連付けたりするなど関係機関の役割を明確にすることとなる。

このように，個別の教育支援計画の作成を通して，幼児に対する支援の目標を長期的な視点から設定することは，幼稚園が教育課程の編成の基本的な方針を明らかにする際，全教職員が共通理解をすべき大切な情報となる。また，在籍園において提供される教育的支援の内容については，個々の幼児の障害の状態等に応じた指導内容や指導方法の工夫を検討する際の情報として個別の指導計画に生かしていくことが重要である。

個別の教育支援計画の活用に当たっては，例えば，適切な支援の目的や教育的支援の内容を設定したり，就学先である小学校に在園中の支援の目的や教育的支援の内容を伝えたりするなど，切れ目ない支援に生かすことが大切である。その際，個別の教育支援計画には，多くの関係者が関与することから，保護者の同意を事前に得るなど個人情報の適切な取扱いと保護に十分留意することが必要である。

② 個別の指導計画

　個別の指導計画は，個々の幼児の実態に応じて適切な指導を行うために学校で作成されるものである。個別の指導計画は，教育課程を具体化し，障害のある幼児など一人一人の指導目標，指導内容及び指導方法を明確にして，きめ細やかに指導するために作成するものである。

　そのため，障害のある幼児などの指導に当たっては，適切かつ具体的な個別の指導計画の作成に努める必要がある。

　各幼稚園においては，個別の教育支援計画と個別の指導計画を作成する目的や活用の仕方に違いがあることに留意し，二つの計画の位置付けや作成の手続きなどを整理し，共通理解を図ることが必要である。また，個別の教育支援計画及び個別の指導計画については，実施状況を適宜評価し改善を図っていくことも不可欠である。

　こうした個別の教育支援計画と個別の指導計画の作成・活用システムを幼稚園内で構築していくためには，障害のある幼児などを担任する教師や特別支援教育コーディネーターだけに任せるのではなく，全ての教師の理解と協力が必要である。園の運営上の特別支援教育の位置付けを明確にし，園の組織の中で担任が孤立することのないよう留意する必要がある。このためには，園長のリーダーシップの下，幼稚園の教職員全体の協力体制づくりを進めたり，二つの計画についての正しい理解と認識を深めたりして，全教職員の連携に努めていく必要がある。

　また，障害のある幼児の発達の状態は，家庭での生活とも深く関わっている。そのため，保護者との密接な連携の下に指導を行うことが重要である。幼稚園においては，保護者が，来園しやすく相談できるような雰囲気や場所を用意したり，教師は，幼児への指導と併せて，保護者が我が子の障害を理解できるようにしたり，将来の見通しについての不安を取り除くようにしたり，自然な形で幼児との関わりができるようにしたりするなど，保護者の思いを受け止めて精神的な援助や養育に対する支援を適切に行うように努めることが大切である。

保育所保育指針解説

第1章　総則
3　保育の計画及び評価
（2）指導計画の作成

　キ　障害のある子どもの保育については、一人一人の子どもの発達過程や障害の状態を把握し、適切な環境の下で、障害のある子どもが他の子どもとの生活を通して共に成長できるよう、指導計画の中に位置付けること。また、子どもの状況に応じた保育を実施する観点から、家庭や関係機関と連携した支援のための計画を個別に作成するなど適切な対応を図ること。

【保育所における障害のある子どもの理解と保育の展開】

　保育所は、全ての子どもが、日々の生活や遊びを通して共に育ち合う場である。そのため、一人一人の子どもが安心して生活できる保育環境となるよう、障害や様々な発達上の課題など、状況に応じて適切に配慮する必要がある。こうした環境の下、子どもたちが共に過ごす経験は、将来的に障害の有無等によって分け隔てられることなく、相互に人格と個性を尊重し合いながら共生する社会の基盤になると考えられる。これらのことを踏まえて、障害など特別な配慮を必要とする子どもの保育を指導計画に位置付けることが求められる。

　一人一人の障害や発達上の課題は様々であり、その状態も多様であることから、保育士等は、子どもが発達してきた過程や心身の状態を把握するとともに、保育所の生活の中で考えられる育ちや困難の状態を理解することが大切である。そして、子どもとの関わりにおいては、個に応じた関わりと集団の中の一員としての関わりの両面を大事にしながら、職員相互の連携の下、組織的かつ計画的に保育を展開するよう留意する。

【個別の指導計画】

　保育所では、障害のある子どもを含め、一人一人の実態を的確に把握し、安定した生活を送る中で、全ての子どもが自己を十分に発揮できるよう見通しをもって保育することが必要である。そこで、必要に応じて個別の指導計画を作成し、クラス等の指導計画と関連付けておくことが大切である。

　特別な配慮を必要とする子どもの個別の指導計画を作成する際には、日常の様子を踏まえて、その子どもにとって課題となっていることが生じやすい場面や状況、その理由などを適切に分析する。その上で、場面に適した行動などの具体的

な目標を、その子どもの特性や能力に応じて、1週間から2週間程度を目安に少しずつ達成していけるよう細やかに設定し、そのための援助の内容を計画に盛り込む。障害や発達上の課題のある子どもが、他の子どもと共に成功する体験を重ね、子ども同士が落ち着いた雰囲気の中で育ち合えるようにするための工夫が必要である。

【家庭との連携】

　障害や発達上の課題のある子どもの理解と援助は、子どもの保護者や家庭との連携が何よりも大切である。その際、子どもの困難な状況だけでなく、得意なこと等も含めて、保育所と家庭での生活の状況を伝え合うことに留意する。子どもについての理解を深め合うことや、保護者の抱えてきた悩みや不安などを理解し支えることで、子どもの育ちを共に喜び合うことが大切である。こうした連携を通して保護者が保育所を信頼し、子どもについての共通理解の下に協力し合う関係を形成する。

　また、障害や発達上の課題のある子どもや保護者が、地域で安心して生活ができるようにすることが大切である。そのため、他の子どもの保護者に対しても、子どもが互いに育ち合う姿を通して、障害等についての理解が深まるようにするとともに、地域で共に生きる意識をもつことができるように配慮する。その際、子どもとその保護者や家族に関するプライバシーの保護には十分留意することが必要である。

【地域や関係機関との連携】

　障害のある子どもの保育に当たっては、専門的な知識や経験を有する地域の児童発達支援センター・児童発達支援事業所（以下「児童発達支援センター等」という。）・児童発達支援を行う医療機関などの関係機関と連携し、互いの専門性を生かしながら、子どもの発達に資するよう取り組んでいくことが必要である。そのため、保育所と児童発達支援センター等の関係機関とが定期的に、又は必要に応じて話し合う機会をもち、子どもへの理解を深め、保育の取組の方向性について確認し合うことが大切である。具体的には、児童発達支援センター等の理念や保育内容について理解を深め、支援の計画の内容を保育所における指導計画にも反映させることや、保育所等訪問支援や巡回支援専門員などの活用を通じ、保育を見直すこと等が考えられる。

　また、就学する際には、保護者や関係する児童発達支援センター等の関係機関が、子どもの発達について、それまでの経過やその後の見通しについて協議を行う。障害の特性だけではなく、その子どもが抱える生活のしづらさや人との関わりの難しさなどに応じた、環境面での工夫や援助の配慮など支援のあり方を振り返り、明確化する。これらを踏まえて、就学に向けた支援の資料を作成するなど、保育所や児童発達支援センター等の関係機関で行われてきた支援が就学以降も継続していくよう留意する。

【幼保連携型認定こども園教育・保育要領解説】

第1章　総則

第2節　「教育及び保育の内容並びに子育ての支援等に関する全体的な計画」等

3　特別な配慮を必要とする園児への指導

(1) 障害のある園児などへの指導

　障害のある園児などへの指導に当たっては、集団の中で生活することを通して全体的な発達を促していくことに配慮し、適切な環境の下で、障害のある園児が他の園児との生活を通して共に成長できるよう、特別支援学校などの助言又は援助を活用しつつ、個々の園児の障害の状態などに応じた指導内容や指導方法の工夫を組織的かつ計画的に行うものとする。また、家庭、地域及び医療や福祉、保健等の業務を行う関係機関との連携を図り、長期的な視点で園児への教育及び保育的支援を行うために、個別の教育及び保育支援計画を作成し活用することに努めるとともに、個々の園児の実態を的確に把握し、個別の指導計画を作成し活用することに努めるものとする。

①　障害のある園児などへの指導

　認定こども園法第26条において準用している学校教育法第81条第1項では、幼保連携型認定こども園において、障害のある園児などに対し、障害による学習上又は生活上の困難を克服するための教育及び保育を行うこととなっている。

　また、我が国においては、「障害者の権利に関する条約」に掲げられている教育の理念の実現に向けて、障害のある子

どもの就学先決定の仕組みの改正なども踏まえ、各幼保連携型認定こども園では、障害のある園児のみならず、教育及び保育上特別の支援を必要とする園児が在籍している可能性があることを前提に、全ての保育教諭等職員が特別支援教育の目的や意義について十分に理解することが不可欠である。

　幼保連携型認定こども園は、適切な環境の下で園児が保育教諭等や多くの園児と集団で生活することを通して、園児一人一人に応じた指導を行うことにより、将来にわたる生きる力の基礎を培う経験を積み重ねていく場である。友達をはじめ様々な人々との出会いを通して、家庭では味わうことのできない多様な体験をする場でもある。

　これらを踏まえ、幼保連携型認定こども園において障害のある園児などを指導する場合には、幼保連携型認定こども園の教育及び保育の機能を十分生かして、園生活の場の特性と人間関係を大切にし、その園児の障害の状態や特性及び発達の程度等（以下「障害の状態等」という。）に応じて、発達を全体的に促していくことが大切である。

　障害のある園児などには、視覚障害、聴覚障害、知的障害、肢体不自由、病弱・身体虚弱、言語障害、情緒障害、自閉症、ADHD（注意欠陥多動性障害）などのほか、行動面などにおいて困難のある園児で発達障害の可能性のある者も含まれている。このような障害の種類や程度を的確に把握した上で、障害のある園児などの「困難さ」に対する「指導上の工夫の意図」を理解し、個に応じた様々な「手立て」を検討し、指導に当たっていく必要がある。その際に、教育・保育要領のほか、文部科学省が作成する「教育支援資料」（平成25年10月　文部科学省初等中等教育局特別支援教育課）などを参考にしながら、全ての保育教諭等が障害に関する知識や配慮等についての正しい理解と認識を深め、障害のある園児などに対する組織的な対応ができるようにしていくことが重要である。

　例えば、弱視の園児がぬり絵をするときには輪郭を太くするなどの工夫をしたり、難聴の園児に絵本を読むときには保育教諭等が近くに座るようにして声がよく聞こえるようにしたり、肢体不自由の園児が興味や関心をもって進んで体を動かそうとする気持ちがもてるように工夫したりするなど、その園児の障害の種類や程度に応じた配慮をする必要がある。

　このように障害の種類や程度を十分に理解して指導方法の工夫を行うことが大切である。

　一方、障害の種類や程度によって一律に指導内容や指導方法が決まるわけではない。特別支援教育において大切な視点は、一人一人の障害の状態等により、生活上などの困難が異なることに十分留意し、個々の園児の障害の状態等に応じた指導内容や指導方法の工夫を検討し、適切な指導を行うことであるといえる。

　そこで、園長は、特別支援教育実施の責任者として、園内委員会を設置して、特別支援教育コーディネーターを指名し、園務分掌に明確に位置付けるなど、園全体の特別支援教育の体制を充実させ、効果的な園運営に努める必要がある。その際、各園において、園児の障害の状態等に応じた指導を充実させるためには、特別支援学校等に対し専門的な助言又は援助を要請するなどして、計画的、組織的に取り組むことが重要である。

　こうした点を踏まえ、指導計画に基づく内容や方法を見通した上で、個に応じた指導内容や指導方法を計画的に検討し実施することが大切である。

　例えば、幼保連携型認定こども園における個に応じた指導内容や指導方法については次のようなものが考えられる。

- 自分の身体各部位を意識して動かすことが難しい場合、様々な遊びに安心して取り組むことができるよう、当該園児が容易に取り組める遊具を活用した遊びで、より基本的な動きから徐々に複雑な動きを体験できるよう活動内容を用意し、成功体験が積み重ねられるようにするなどの配慮をする。
- 園における生活の見通しがもちにくく、気持ちや行動が安定しにくい場合、自ら見通しをもって安心して行動ができるよう、当該園児が理解できる情報（具体物、写真、絵、文字など）を用いたり、保育教諭等や仲のよい友達をモデルにして行動を促したりするなどの配慮をする。
- 集団の中でざわざわした声などを不快に感じ、集団活動に参加することが難しい場合、集団での活動に慣れるよう、最初から全ての時間に参加するのではなく、短い時間から始め、徐々に時間を延ばして参加させたり、イヤーマフなどで音を遮断して活動に参加させたりするなどの配慮をする。

　さらに、障害のある園児などの指導に当たっては、全ての保育教諭等職員において、個々の園児に対する配慮等の必要性を共通理解するとともに、全職員の連携に努める必要がある。その際、保育教諭等は、障害のある園児などのありのままの姿を受け止め、園児が安心して、ゆとりをもって周囲の環境と十分に関わり、発達していくようにすることが大切である。また、障害のある園児など一人一人の特性等に応じた必要な配慮等を行う際は、保育教諭等の理解の在り方や指導の姿勢が、他の園児に大きく影響することに十分留意し、温かい人間関係づくりに努めながら、園児が互いを認め合う肯定的な関係をつくっていくことが大切である。

②　個別の教育及び保育支援計画、個別の指導計画の作成・活用

　個別の教育及び保育支援計画及び個別の指導計画は、障害のある園児など一人一人に対するきめ細やかな指導や支援を

組織的・継続的かつ計画的に行うために重要な役割を担っている。

　今回の改訂では、障害のある園児などの指導に当たっては、個別の教育及び保育支援計画及び個別の指導計画を作成し、活用に努めることとした。

　そこで、個別の教育及び保育支援計画及び個別の指導計画について、それぞれの意義、位置付け及び作成や活用上の留意点などについて示す。

ア　個別の教育及び保育支援計画

　平成 15 年度から実施された障害者基本計画においては、教育、医療、福祉、労働等の関係機関が連携・協力を図り、障害のある子どもの生涯にわたる継続的な支援体制を整え、それぞれの年代における子どもの望ましい成長を促すため、個別の支援計画を作成することが示された。この個別の支援計画のうち、園児児童生徒に対して、教育機関が中心となって作成するものを、個別の教育支援計画という。

　障害のある園児などは、園や学校生活だけでなく家庭生活や地域での生活を含め、長期的な視点で乳幼児期から学校卒業後までの一貫した支援を行うことが重要である。このため、教育・保育関係者のみならず、家庭や医療、福祉などの関係機関と連携するため、幼保連携型認定こども園では、それぞれの側面からの取組を示した個別の教育及び保育支援計画を作成し活用していくことが考えられる。具体的には、障害のある園児などが生活の中で遭遇する制約や困難を改善・克服するために、本人及び保護者の願いや将来の希望などを踏まえ、園のみならず、例えば、家庭、医療機関における療育事業及び福祉機関における児童発達支援事業において、実際にどのような支援が必要で可能であるか、支援の目標を立て、それぞれが提供する支援の内容を具体的に記述し、支援の内容を整理したり、関連付けたりするなど関係機関の役割を明確にすることとなる。

　このように、個別の教育及び保育支援計画の作成を通して、園児に対する支援の目標を長期的な視点から設定することは、園が「全体的な計画」の作成の基本的な方針を明らかにする際、全職員が共通理解をすべき大切な情報となる。また、在籍園において提供される教育及び保育における支援の内容については、個々の園児の障害の状態等に応じた指導内容や指導方法の工夫を検討する際の情報として個別の指導計画に生かしていくことが重要である。

　個別の教育及び保育支援計画の活用に当たっては、例えば、適切な支援の目的や教育及び保育的支援の内容を設定したり、就学先である小学校に在園中の支援の目的や教育及び保育的支援の内容を伝えたりするなど、切れ目ない支援に生かすことが大切である。その際、個別の教育及び保育支援計画には、多くの関係者が関与することから、保護者の同意を事前に得るなど個人情報の適切な取扱いと保護に十分留意することが必要である。

イ　個別の指導計画

　個別の指導計画は、個々の園児の実態に応じて適切な指導を行うために園で作成されるものである。個別の指導計画は、「全体的な計画」を具体化し、障害のある園児など一人一人の指導目標、指導内容及び指導方法を明確にして、きめ細やかに指導するために作成するものである。そのため、障害のある園児などの指導に当たっては、適切かつ具体的な個別の指導計画の作成に努める必要がある。

　各幼保連携型認定こども園においては、個別の教育及び保育支援計画と個別の指導計画を作成する目的や活用の仕方に違いがあることに留意し、二つの計画の位置付けや作成の手続きなどを整理し、共通理解を図ることが必要である。また、個別の教育及び保育支援計画と個別の指導計画については、実施状況を適宜評価し改善を図っていくことも不可欠である。

　こうした個別の教育及び保育支援計画と個別の指導計画の作成・活用システムを園内で構築していくためには、障害のある園児などを担任又は担当する保育教諭等や特別支援教育コーディネーターだけに任せるのではなく、全ての保育教諭等の理解と協力が必要である。園の運営上の特別支援教育の位置付けを明確にし、園の組織の中で担当又は担任する保育教諭等が孤立することのないよう留意する必要がある。このためには、園長のリーダーシップの下、園全体の協力体制づくりを進めたり、二つの計画についての正しい理解と認識を深めたりして、全職員の連携に努めていく必要がある。

　また、障害のある園児の発達の状態は、家庭での生活とも深く関わっている。そのため、保護者との密接な連携の下に指導を行うことが重要である。園においては、保護者が、来園しやすく相談できるような雰囲気や場所を用意したり、保育教諭等は、園児への指導と併せて、保護者が我が子の障害を理解できるようにしたり、将来の見通しについての不安を取り除くようにしたり、自然な形で園児との関わりができるようにしたりするなど、保護者の思いを受け止めて精神的な援助や養育に対する支援を適切に行うように努めることが大切である。

様式見本

本書の2章と3章で紹介した、個別の指導計画作成に使える様式の基本フォーマットです。個別の指導計画作成の参考にしてください。また、下記のURL（ナツメ社ウェブサイト書籍紹介ページ）より、PDF形式の様式見本のダウンロードが可能です。ご活用ください。

 https://www.natsume.co.jp/np/isbn/9784816376917/

事前整理

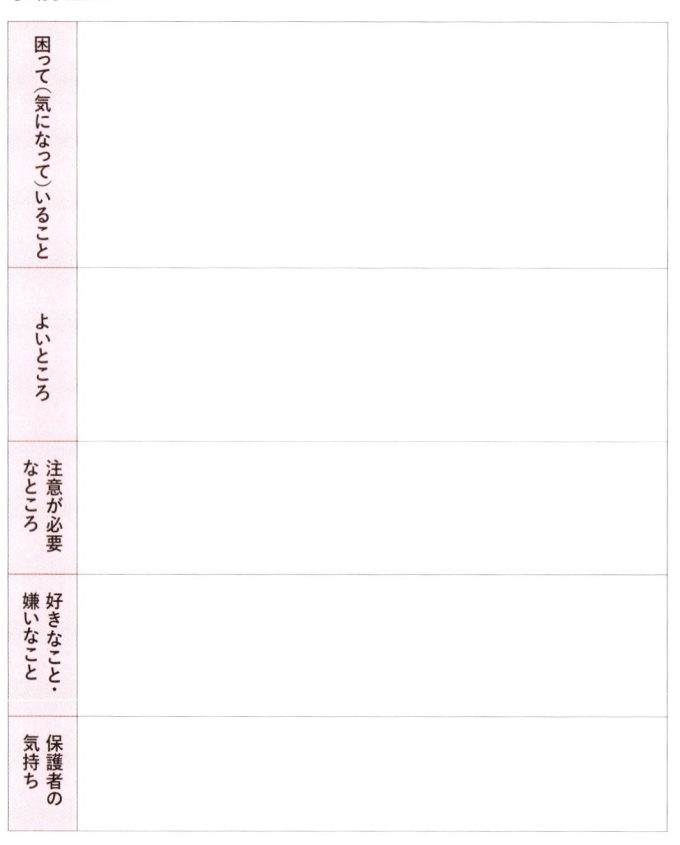

困って（気になって）いること	
よいところ	
注意が必要なところ	
好きなこと・嫌いなこと	
保護者の気持ち	

はじめて書いてみる 個別の指導計画

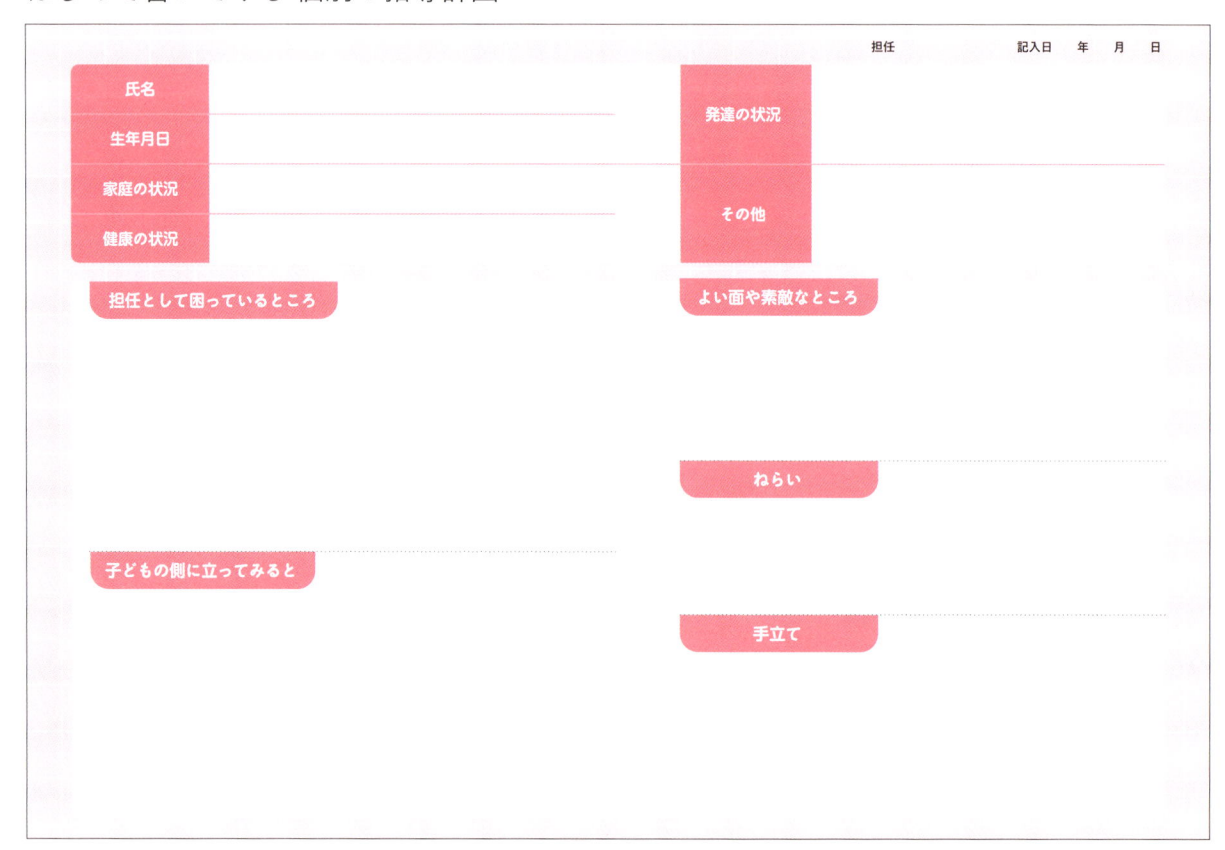

フェイスシート

氏名	
生年月日	
家庭の状況	
健康の状況	
発達の状況	
支援の状況	

多様な子どもに対応した 個別の指導計画

個別の指導計画　（　　歳児・　　）令和　年
担任　　　　　　（令和　年　月作成）

今年度の ねらい	
今学期の ねらい	

項目	子どもの姿	ねらい	指導の手立て	評価

項目	子どもの姿	ねらい	指導の手立て	評価
保護者との連携				

協力●狭山市立青い実学園

　　●ほっぺるランド板橋小豆沢

　　●武蔵野短期大学附属幼稚園

本文イラスト●ヤマハチ

本文デザイン・DTP●熊谷昭典（SPAIS）　佐藤ひろみ

編集協力●茂木立みどり（こんぺいとぷらねっと）

編集担当●横山美穂（ナツメ出版企画）

本書に関するお問い合わせは、書名・発行日・該当ページを明記の上、下記のいずれかの方法にてお送りください。電話でのお問い合わせはお受けしておりません。
●ナツメ社webサイトの問い合わせフォーム
　https://www.natsume.co.jp/contact
●FAX（03-3291-1305）
●郵送（下記、ナツメ出版企画株式会社宛て）
なお、回答までに日にちをいただく場合があります。正誤のお問い合わせ以外の書籍内容に関する解説・個別の相談は行っておりません。あらかじめご了承ください。

ナツメ社Webサイト
https://www.natsume.co.jp
書籍の最新情報（正誤情報を含む）はナツメ社Webサイトをご覧ください。

幼稚園・保育園・こども園で使える

気になる子の育ちを支える　個別の指導計画サポートブック

2025年4月4日　初版発行

著　者　酒井幸子　　　　　　　　　　　©Sakai Sachiko, 2025
　　　　中野圭子　　　　　　　　　　　©Nakano Keiko, 2025
発行者　田村正隆
発行所　株式会社ナツメ社
　　　　東京都千代田区神田神保町1-52　ナツメ社ビル1 F（〒101-0051）
　　　　電話 03-3291-1257（代表）　FAX 03-3291-5761
　　　　振替 00130-1-58661
制　作　ナツメ出版企画株式会社
　　　　東京都千代田区神田神保町1-52　ナツメ社ビル3 F（〒101-0051）
　　　　電話 03-3295-3921（代表）
印刷所　広研印刷株式会社

ISBN978-4-8163-7691-7　　Printed in Japan